독재자 탈출하기 프로젝트

· 김혜미 ·

독재자 탈출하기 프로젝트

· 김혜미 ·

***

내가 선택할 수 없고, 처음부터 주어졌던 '관계'

피로 이어진 우리가 서로의 상처를 알아채고 위로하며
'주어진 관계'가 아닌 '만들어나가는 관계'에 대한 이야기.

여행을 통해 조금씩 달라져가는 자매의 서투른 변화가
여러분들에게도 닿기를.

> 잠깐! 들어가기 전에!

*

경상남도 창원 토박이 자매의 이야기입니다.
생생함을 살리고자, 대화 부분에는 다소 사투리가 많습니다.
하지만 글에는 억양과 말의 속도가 담기지 않기 때문에,
사투리를 충분히 이해하실 수 있으니 안심하셔도 됩니다.
사투리가 등장할 때, 소리 내어 읽다보면 저희와 함께하는 듯한
기분을 느끼실 수 있습니다. 그럼, 다들 준비 됐제↗?

등장인물

*

언니 김혜미 (INFP)

일명 독재자.
집에서 동생을 하수인 대하듯 부려먹어
획득한 타이틀. 그러나 명성에 걸맞지 않게
밖에 나가면 엄살도, 눈물도 많다.
지금 내 옆에는 못 미더운 동생 뿐인데…
근데 얘 왜 이렇게 침착하지?

동생 김서영 (ESTJ)

오랜 하수인 생활로 다져진 침착함의 소유자.
돌발상황에서도 이상하리만큼 차분하고
용감하기까지 하다. 시간이 지날수록,
엄살 많은 독재자를 달래느라 바쁘기만 한데…
언니한테 이런 모습이 있었다고?

.
.
.

mbti가 하나도 겹치는 게 없을 정도로 다른 우리,
이런 정반대의 모습은 여행에 독일까, 아님 득일까?
호기롭게 떠나는 현실 자매의 좌충우돌 여행기, 지금 시작해볼까요?

Contents

Part0. Prologue
독재자 탈출하기 프로젝트의 서막 … 12

Part1.
떠납니다. 단둘이

① 우리 여행 잘할 수 있겠지? … 18
여행 시작부터 여권소동

② 경유는 처음이라 … 23
치앙마이를 향한 첫 관문, 중국 경유하기

③ 한 여행 두 숙소 … 32
숙소 예약하기 대작전

④ 모든 것은 필연적이야 … 37
치앙마이의 이른 아침

⑤ 어쩔 수 없는 한국의 고등학생 … 45
치앙마이에 와서도 숙제를?

⑥ 택시투어에서 만난 그녀들 I … 52
친구 같은 자매

⑦ 택시투어에서 만난 그녀들 II … 63
도이수텝 아니, 트렁크투어

⑧ 체력의 차이 … 69

    젊은이들의 야시장, 플로엔 루디 마켓

Part2.
어쩌면 우리 둘이라서 재밌을지도?

⑨ 솔직해질 수 있는 방법 … 79

    고백을 위한 데이트코스, 핑 강

⑩ 언니는 쫄보 … 85

    치앙마이에 그랜드캐니언이 있다고?

⑪ 일요일의 늦잠을 포기할 수 밖에 없는 이유 … 99

    일요일 아침을 여는 러스틱 마켓

⑫ 동생이 아메리카노를 왜 마시냐고 묻는다 … 107

    커피의 도시, 치앙마이

⑬ 같은 음식, 다른 표현 … 113

    치앙마이 맛집: 카오소이 매사이

⑭ 동상이몽, 패러글라이딩의 기억 … 123

    치앙마이 액티비티: 일출 패러글라이딩

⑮ 입 짧은 언니와 뭐든지 잘 먹는 동생 … 128

    치앙마이 맛집: 꼬 프악꼬담

⑯ 사진실력에 미치다 … 137

    여행을 잘한다는 것은

⑰ 태국에서 아리랑을 들어보신 적 있으세요? ··· 143
여행이 주는 선물

Part3.
우리는 가족이니깐

⑱ 뒤바뀐 언니와 동생 ··· 150
치앙마이 액티비티: ATV

⑲ 향수병의 일종, 집밥병 ··· 160
한식이 먹고 싶다면 마트를 가세요

⑳ 행운을 빌어요 촉디 카! ··· 164
선데이 마켓의 매력

㉑ Made by 혜미, Made by 서영 ··· 170
기념품엔 다 의미가 있다

㉒ 행복하게 춤을 추는 원숭이 ··· 175
치앙마이의 거리를 제대로 느끼고 싶다면

㉓ 앙깨우 호수에서의 고백 ··· 180
치앙마이 대학교 탐방하기

Part4. Epilogue
언니의 독재정치, 막을 내리다 ··· 187

독재자 탈출하기 프로젝트
현실 자매의 치앙마이 여행기

Prologue
독재자 탈출하기 프로젝트의 서막

 누군가를 만나고 '이 사람이 내 사람이다'라는 생각이 들면, 나는 그에게 나만의 징표를 새긴다. 그의 전화번호를 애칭으로 저장하는 것. 오랜 시간 함께하고 감정을 나누면서 생기는 그 사람에 대한 느낌이 켜켜이 쌓여, 오직 나만이 부르는 유일한 이름이 된다.

 그러나 예외도 있다. 바로 가족. 여태껏 가장 많은 시간 동안 몸을 부대끼며 살았지만 마음까지는 비벼대기 힘든 사람들. 다정한 속삭임보단 무뚝뚝한 내뱉음이 많은 사람들. 그걸 증명이라도 하듯, 내 휴대폰 속 가족들의 이름은 애칭이 아닌 호칭으로 저장되어 있었다. 엄마. 아빠와 같은 딱딱하기 그지없는 이름으로. 아, 그리고 동생. 적지도, 많지도 않은 다섯 살이라는 애매한 나이 차로 태어난 탓에, 치고받고 싸우지는 않지만 그렇다고 살뜰히 챙기지도 않는 꽤 먼 사이. 서로의 존재에 대해 각별히 생각해 본 적 없다고 하는 것이 맞겠다.

대개 가족 안에서 존재하는 규범들은, 우리의 뜻과는 별개로 서로를 각별히 대하도록 만들었다. 왜 소중한지도 모르고 내가 왜 그렇게 해야 하는지 납득하지도 못했지만 규범은 그런 우리의 사정을 개의치 않았다. '언니는 동생을 챙겨야 해. 동생은 언니 말을 따라야 해. 둘이 사이좋게 지내야지.' 그렇게 언니는 동생의 모범이 되어야 했고, 동생은 언니 말 잘 듣는 착한 아이가 되어야 했다. 학생은 공부를 하는 것처럼 당연한 것이었다.

으레 그렇듯, 당연하게 여겨지는 것들은 묘한 반항심을 만들어냈다. 왜 소중하냐고 묻는 말에 답하는 건 어려웠지만, 동생을 챙기기 싫은 이유를 말하는 건 열 개도 거뜬하던 나였으니까. '나도 어리거든. 걔도 팔다리 다 있는데 내가 왜? 입으려고 산 옷을 왜 빌려줘?' 반항아는 그렇게 언니로서의 의무는 요리조리 피해 가며 권리만 누리려는 이기적인 아이가 되어갔다. 그런 나의 모습에 동생도 반항심을 느꼈던 걸까. 어느 날 본 동생의 휴대폰 속에 나는 독재자가 되어있었다.

내 말이라면 다 알겠다고 하던 동생이 나를 이렇게 생각하고 있었다니. 친한 친구가 뒤에서 나를 욕하는 걸 알게 된 기분이 이런 걸까. 독재자라고 저장된 휴대폰을 멍하니 바라보다 동생에게 윽박지르고나니 이것저것 시켜대던 지난날의 내가 스쳐 지나갔다. 독재자 그 자체였다. 그러니 배신감을 느낄 필요도 없었다.

납득이 되지 않는 규범을 외면하고 있다고 생각했는데, 정작 내가 외면하던 건 서영이의 마음이었다. 동생을 챙겨야 하는 의무로부터 멀어지고 싶었던 건데, 내가 멀리했던 건 사람으로서의 서영이였다. 그간의 내 행동들은 무거운 돌이 되어 내 마음을 짓눌렀다. 독재자라는 글을 본 순간, 동생이 꼭 나에게 마음의 문을 닫은 것만 같아서. 좋은 언니가 되려고 해도 이미 소용이 없는 것처럼 느껴졌다.

'혜미야 엄마 아빠 죽고 나면 너랑 서영이뿐이야. 둘이 서로 잘 돌봐줘' 어느 날 엄마가 한 말은, 이제껏 듣던 '동생 잘 챙겨줘' 따위의 말과는 다르게 들렸다. 굳어버린 몸이 움찔하고 움직였다. 그래, 내가 잘 챙겨주는 게 아니라, 서로가 서로를 돌봐준다고 생각한다면 우리는 이 의무와 묘한 반항감을 내던질 수 있지 않을까. 그렇게 생각하니 지겹도록 듣던 언니니깐 동생을 챙기라는 말이 아닌, 서영이의 속마음이 듣고 싶어졌다. 우리가 엄마와 아빠의 손을 잡고 이어진 게 아니라 서로의 손을 잡고 있다면. 그러면 우리의 관계가 소중한 이유를 찾을 수 있을까. 언니와 동생이라는 태어날 때부터 정해진 관계 말고, 우리의 관계를 우리가 만들어가고 싶어졌다. 언니 대 동생이 아닌, 사람 대 사람으로 우리를 알아가고 싶어졌다.

내가 선택한 건 여행이었다. 나에게 여행은 늘 누군가를 알아가는 수단이었으니깐. 생판 모르던 남부터 가장 잘 알고 있다고 생각했던 스스로까지, 나는 타이틀을 언제나 여행을 통해서 알아갔다. 여행이 그런 수단이 되었던 건 낯선 공간이 주는 용기 덕분이었다. '여기서 너를 아는 사람은 없어. 너 마음대로 해봐. 조금 더 걸어가 봐' 여행은 그렇게 내게 말을 걸어왔다. 낯선 공간이 주는 묘한 용기와 격려. 이번에도 그렇게 말을 걸어올 것만 같았다. 용기를 내서 동생의 마음속으로 걸어 가 보라고. 지금껏 살아오면서 한 번도 마주하지 않았던 그 낯선 공간으로.

나에게 처음 용기를 주었던 그곳이라면 동생의 마음속으로 한 발자국 들어갈 수 있지 않을까. 그래서 우리는 치앙마이로 떠났다.

떠납니다. 단둘이

Part 1.

우리 여행 잘할 수 있겠지?

경유는 처음이라

한 여행 두 숙소

모든 것은 필연적이야

어쩔 수 없는 한국의 고등학생

택시투어에서 만난 그녀들 I

택시투어에서 만난 그녀들 II

체력의 차이

우리 여행 잘할 수 있겠지?

여행 시작부터 여권소동

"없어."

"어? 뭐라고? 다시 한번 찾아봐."

"진짜 없는데 어떡해 언니?"

시작부터 사고다. 가방을 바꿔 들고 온 것이 화근이었다. 집을 나서기 전, 서영이의 가방에 미리 여권과 지갑을 넣어뒀는데, '가방이 마음에 안 든다'는 이유로 서영이가 처음 골랐던 가방과는 다른 가방을 들고 온 것이다.

다행히 공항버스는 아직 오지 않았고 집에서 공항버스를 타는 곳까지의 거리는 차로 약 7분 거리. 엄마 찬스가 필요한 순간이다. 서둘러 엄마에게 전화를 걸었다.

"엄마, 김서영이 여권 안 챙겨왔다. 그 흰 작은 가방 좀 들고

와줘."

 구조 요청을 끝내고 서영이를 째려봤다. 시작부터 이러다니. 물론 가방이 마음에 안 들 순 있지. 서영이에게도 자기 나름대로의 패션 철학이 있을 테니 말이다. 근데 적어도 가방을 바꿨으면 그 안에 뭐가 들어있는지 확인은 해야 하지 않나? 가방의 무게가 안 느껴지는 것도 아닐 텐데.

"아니… 그 가방에 여권이 들어있을 줄은 몰랐지…"

"야. 내가 그거 메라고 챙겨줬으면 안에 뭐가 들어있는지는 확인하고 바꿔 메야 할 거 아니가."

"언니가 들고 있을 줄 알았어. 미안.."

 미안하다는 말을 들으니 할 말이 없는데, 그 앞의 말이 내 신경을 또 거슬리게 한다. 언니가 들고 있을 줄 알았어? 이거 완전 '나 잘못 없소. 다 니 탓이오.' 하는 거 아닌가. 자기 물건은 자기가 챙겨야지. 다른 것도 아니고 여권인데. 속에서 화가 울컥 올라와 서영이에게 따발총을 쏘아댔다.

"야. 다른 것도 아니고 여권이다이가. 니 물건은 니가 챙겨야지. 아니면 나한테 물어보던가."

"그건 맞는데, 다른 건 언니가 챙겨줬잖아. 그래서 당연히 언니가 챙겼을 줄 알았다…"

"그럼 끝까지 내가 챙겨준 대로 있던가. 마지막에 니가 고집부려서 가방 바꿨다이가."

"미안…"

서영이의 기죽은 '미안'을 끝으로 침묵이 감돈다. 아주 솔직히 말하면 내 탓도 있다. 서영이가 여행이 처음이라는 이유로 옷이나 기타 챙겨야 할 것들을 내가 거의 정해서 챙겨줬다. 게다가 서영이도 취향이 있을 텐데, '아니 니한텐 이게 낫다'며 또 독재자처럼 가방을 정해줬으니깐. 여행을 떠나는 이유가 우리들의 관계 개선인데, 또 그걸 잊어버리고 독재자처럼 굴었다. 더군다나 서영이도 명령에만 익숙해져 있으면 명령대로 움직일 수밖에 없을 터. 독재자처럼 굴 거였으면 집을 나서기 전에 한 번 더 확인하라고 말해줬어야 했다. 근데 지금 이 순간 내 잘못을 인정하기가 싫다. 입술이 옴싹달싹거리다 못내 입을 닫고 만다. 독재자는 원래 자신의 잘못을 죽어도 인정하지 않는 법.

그렇게 서먹한 채로 몇 분이 지났을까, 저 멀리서 구세주 같은 엄마의 차가 등장했다. 재빠르게 와준 엄마 덕분에 공항버스가 도착하기 직전 여권을 건네받을 수 있었다. 임무를 완수하고 다시 집으로 향하는 엄마가 하는 말. 유난히 목소리가 커서 그런지, 아니면 내가 찔려서 그런지 엄마의 말이 귓가에 윙윙거린다.

"서로 싸우지 말고. 서영이는 언니 말 잘 듣고 혜미는 서영이 잘 챙기고 잘 다녀와."

엄마, 우리 벌써부터 싸웠어… 아니 일방적으로 내가 화냈어… 엄마의 말에 뜨끔해서 서영이를 슬쩍 보니 잔뜩 주눅이

들어있다. 그 모습을 보니 또 미안해진다. 내가 너무 심했나? 여권도 건네받았겠다, 마음의 평화가 찾아오고 엄마의 말을 듣고 나니 이제는 사과를 해야 할 것만 같다. 나도 참 간사하다. 문제가 해결되고 나서야 사과를 할 마음이 생기다니.

'그래, 버스 타기 전에 알아차린 게 어디야' 긍정 회로를 가동하며 슬그머니 서영이에게 말을 건다.

"공항에서 알았으면 큰일 날 뻔했다. 맞제."

"응 그러니깐.. 언니 미안해."

"됐다, 해결됐잖아. 내 탓도 있지. 괜히 가방 멋대로 정해줘 가지고."

"앞으론 한 번 더 확인할게."

"나도 미안. 화내서."

경상도식의 서툴고 무뚝뚝한 사과다. 동생에게 사과를 해본 적이 있어야 제대로 할 텐데, 이것도 핑계라면 핑계. 과연 나의 서툰 사과 실력은 늘 수 있을까? 아니, 치앙마이에서는 사과할 일을 만들면 안 될텐데..

아직 우리에겐 중국 경유가 남아있다. 벌써부터 여권 때문에 식은땀 흘렸는데, 앞으로의 여정이 험난하게 느껴진다. 서영이가 공항에서 미아가 되진 않겠지? 경유할 비행기를 놓치는 건 아니겠지? 여러모로 걱정이 많아진다.

아 그것보다,

우리 여행 잘할 수 있겠지?

무사히 비행기 탔다고 사진 찍냐 지금?

② ─────────────

경유는 처음이라

치앙마이를 향한 첫 관문, 중국 경유하기

현재 시각, 1월 6일 오후 2시 30분. 중국에 도착을 했다. 치앙마이 간다고 했으면서 생뚱맞게 왜 중국에 왔느냐고? 바로 경유를 하기 위해서다. 경유를 할 만큼 치앙마이가 먼 곳인가라고 생각하는 분들을 위해 설명을 하자면, 사실 치앙마이 직항 편은 6시간 정도로, 유럽이나 미국을 가는 것만큼 비행시간이 길진 않다. 반면 경유를 통해서 치앙마이를 가게 되면 대기시간 포함 11시간이 조금 넘게 걸린다. 자그마치 두 배에 가까운 시간이다. 그런데 도대체 왜 시간을 길바닥에 버리는 행위를 하느냐고? 시간을 버리는 대신, 돈을 주울 수 있기 때문이다. 아, 진짜로 돈을 줍는 건 아니고 돈을 아낄 수 있다는 말. 비록 시간은 오래 걸리지만 경유를 통해서 치앙마이로 가게 되면 인당 20만 원을 절약할 수 있다. 그럼 우리는 무려 40만 원. 암요. 40만 원을 길바닥에 버릴 순 없지요. 고민할 필요도 없이 우리는 중국 경유를 택했다.

한 가지 문제점이 있다면, 경유를 한 번도 해보지 않았다는 것. 서울에서 지하철 환승할 때도 길을 헤매 몇 번 왔다 갔다 한 내가, 버스도 아니고 지하철도 아닌 비행기 환승을 잘할 수 있을까? 그것도 방금 전, 여권을 두고 올 뻔한 동생과 함께 말이다.

그래서 우리는 결심을 했다. 치앙마이행 비행기를 타기 전까지 베이징 공항에서 한 발자국도 나가지 않기로! 다른 사람들은 여행할 때 경유하게 되면 기다리는 시간을 활용해 경유지를 구경하곤 한다는데, 그럴 엄두가 생기지 않는다. 경유를 한 번도 해보지 않았다는 문제와 더불어 변명을 하자면, 시간이 부족하다. 우리가 베이징 공항에 도착한 건 오후 2시 30분. 치앙마이행 비행기는 오후 5시 40분 출발. 이리저리 수속을 하고 보니 치앙마이행 비행기를 타기까지 남은 시간은 단 두 시간이다. 솔직히 두 시간 만에 넓디넓은 베이징을 어떻게 구경하겠는가? 멋도 모르고 공항을 나섰다가는 걱정한 것처럼 국제 미아가 될 것이 뻔하다.

"그냥 안에만 있자…?"

"언니, 나도 나갈 생각이 눈곱만큼도 없다."

잠자코 베이징 공항에만 있기로 합의를 끝냈다. 살아오면서 이렇게 마음 맞기도 처음이다. 뭐 두 시간이니깐 금방 가지 않 겠어?

그렇게 말했건만 기다리는 시간은 더디게 흘러간다. 고작 10분 지났는데 몸이 근질거리고 엉덩이가 들썩거린다. 아무리 우리가 겁쟁이라도 새로운 공간에서 가만히 앉아있기란 여간 쉬운 게 아니다. 두 시간이 이렇게 길었던가? 주위로 눈을 돌리 니, 넓디넓은 베이징 공항 한가운데엔 동전 노래방도 있고, 각 종 기념품을 파는 매장, 커피숍과 음식점 같은 것들이 널려있 다. 한가운데 떡하니 있는 노래방 부스가 여기 와보라고 손짓 하는 것 같은데, 가볼까 싶다가도 이내 고개를 젓는다. 노래에 환장하는 참새들에게 이렇게 멋진 방앗간은 없을 텐데도 주저 하는 이유는, 일단 알고 있는 중국 노래가 없다. 간단한 인사말 밖에 모르는 우리에게 중국 노래방은 당연 패스다.

그렇다면 저기서 또 손을 흔드는 기념품 매장들. 화려한 각 종 기념품들이 '여기 보시오~' 하고 자태를 뽐내고 있다. 기념 품들을 구경하다 보면 시간이 술술 가겠지만, 짐도 많고 걱정 도 많은 우리를 유혹하기엔 역부족이다. 40만 원 아끼려고 경 유를 하는 마당에 쇼핑이라뇨. 주머니 사정이 여유롭지 않습니 다. 그러니 우리는 치앙마이에서 기념품을 사겠습니다. 화려한 기념품들을 보다 보면 홀린 듯이 결제를 하게 될 것이 뻔한데, 처음부터 가까이 가지 않는 것이 낫다. 게다가 지금 우리는 캐 리어도 있고 짐도 많다고! 그러니 눈물을 머금고 기념품도 패스!

 마지막으로 남은 건 커피숍과 음식점. 분명 배가 안 고팠는데 간판들을 보자마자 허기가 슬금슬금 몰려온다. 때마침 어디선가 들려오는 소리 "꼬르륵 꾸르르륵" 소리의 근원지는 내 옆에 있는 서영이다. 나지막이 말한다. "뭐 좀 먹으면 안 돼?" 살아오면서 두 번째로 마음이 통하는 순간이다. 드디어 무거운 엉덩이를 들고일어났다. 그래봤자 입 짧은 우리가 갈 수 있는 곳은 KFC지만, 프랜차이즈는 만국 공통으로 맛있다는 사실을 모르는 사람은 없을 것이다. 각자 무거운 배낭을 짊어지고 KFC에 도착했는데, 또 다른 난관에 봉착했다. 바로 주문. 왜냐면 주문을 한국어로 할 수 없는 탓이다. 아.. 여긴 왜 키오스크가 없는 걸까. 서툰 영어 실력으로 식은땀 흘리고 싶지 않은데.. 주입식 교육을 받은 한국인들은 리딩과 리스닝은 잘 돼도 스피킹은 안 된다고요! 물론 메뉴를 손가락으로 가리키면 될 일이지만, 어쨌든 주문을 받는 사람이 한국인이 아니라는 건 은근 쫄리는 일이다. 나는 이 중대한 임무를 서영이에게 맡기고자 한다(내가 못해서 서영이에게 맡기는 건 절대! 아니다). 앞으로 치앙마이에 가면 조금의 태국어와 영어를 많이 사용하게 될 텐데 그럴 때마다 내가 나서서 말을 할 순 없지 않은가? 그런 의미에서 서영이에게 치킨 반 마리 세트 주문하기 미션을 주었다. 이런 나, 조금 비겁한가요? 어쩔 수 없다. 벌어진 일이다.

 "언니 그냥 언니가 하면 안 되나? 나 잘 못하겠음."

열심히 손짓발짓 써가며 주문하는 서영

"아니다 할 수 있다. 그냥 메뉴 손가락으로 가리키면서 디스 원 플리즈 하면 된다. 이건 영어 축에도 안 속하는 거 알제."

"알겠다… 해볼게."

비겁한 언니를 뒤로하고, 서영이가 비장하게 주문대로 향한다. 메뉴판을 가리키며 무어라 말하더니, 종업원이 서영이에게 몸을 가까이하고 다시 되묻는다. 몇 번 대화를 주고받더니, 서영이가 오케이를 외치며 환한 얼굴로 나에게 돌아온다. 우리 사정을 모르는 사람이 봐도 다 알 정도로 뿌듯한 표정이다.

"주문 성공했다! 생각보다 별거 아니네. 엄마한테 말해줘. 내가 영어로 첫 주문했다고."

"알겠다. 잘하네 김서영. 국제 미아 될 일은 없겠다."

시답지 않은 농담을 주고받으며, 곧이어 나온 치킨을 해치웠다. 배도 부르겠다, 탑승을 해야 할 게이트 앞에서 수속 시간을 기다리기로 한다. 근데 웬걸, KFC까지 걸어올 때는 몰랐는데 다시 돌아가려니, 길이 꽤 길게 느껴진다. 더군다나, 우리는 사이좋게 배낭을 하나씩 메고 있다. 배도 채웠으니 우리의 무게는 더 무거워졌다. 아… 가방 들기 싫은데. 그 순간 내 머릿속에 기가 막힌 생각이 스쳐 지나간다. 학생 때 하굣길에 친구들이랑 하던 그것! 가위바위보 해서 진 사람한테 짐 몰아주기.

"어떤데. 둘 다 무거울 필요는 없잖아? 한 사람은 좀 편하게 가자."

"콜. 3판 2선승 하자."

싫다고 할 줄 알았더니, 서영이도 어지간히 힘든가 보다. 결과는 나의 승리!

"아싸. 들어라 내 가방."

"하 언니… 저까지는 내가 들게 지기서 한 판 더 하사. 실이 솔직히 너무 길잖아?"

"한 입으로 두말하기 없다."

축 처진 뒷모습을 보이며 서영이가 앞서 나간다. 나의 단호한 말 때문에 쳐진 건지, 가방 무게 때문에 쳐진 건지 알 수 없는 서영이의 뒷모습. 피식 웃으며 엄마에게 사진을 찍어보낸다.

- 으이그 거기서도 동생 괴롭히나.

가위바위보로 짐을 앞뒤로 들쳐메고 걸어가는 서영

이번에는 정정당당하게 이긴 건데 억울하기 그지없다. 역시 한 번 독재자로 인상이 박히면 변하기 쉽지 않은 건가. 툴툴대며 서영이를 향해 소리친다.

"김서영 줘! 그냥 내가 들게."

"오 왜?"

"그냥. 내가 못된 언니 같음."

나의 합법적인 승리가 못된 언니의 괴롭힘으로 변질되기 전에, 서영이에게 준 가방을 다시 들쳐맨다. 잠깐이라도 가벼웠으니 된 거라고 스스로를 위로하며 서영이와 탑승 게이트에 도착했다. 앉아서 사진을 찍고 얘기를 하다 보니 어느덧 탑승수속을 해야 할 시간이다.

더디게 흘러갈 것만 같던 두 시간이 금세 지나갔다. 한 거라곤 치킨을 먹은 것 밖에 없는데, 이렇게 시간이 금방 간 건 옆에 있는 서영이 덕분이 아닐까. 평소에는 옆에 있으면 귀찮게 느껴지는 존재였을 텐데, 이곳에서는 든든하고 재미있는 존재가 되었다. 낯선 공간의 힘인 걸까. 아니면 내가 서영이를 몰라봤던 걸까. 단지 돈을 아끼기 위해서 경유를 택한 것이었는데, 다른 것을 얻었다. 이전에는 몰랐던 든든한 서영이의 존재감.

옆에서 태국 인사말을 연습하고 있는 서영이를 바라본다. 함께해 주는 것에 대한 고마움과 경유를 해냈다는 뿌듯함이 함께 몰려온다. 넓디넓은 베이징 공항에서 길을 잃지도 않았고, 든든하게 배도 채웠다. 앞으로 어떤 일이 생겨도 두렵지 않을 것 같다. 옆에는 서영이가 있고 백지장도 맞들면 나으니깐.

첫 경유를 자축하며, 이제 진짜 치앙마이행 비행기에 오른다.

③

한 여행 두 숙소

숙소 예약하기 대작전

"와, 서영아, 니 진짜 천재가."

"아니, 언니가 바본다."

포악하기만 할 것 같았던 독재자 언니가 동생에게 바보란 소리를 듣다니. 이 충격적인 대화의 시발점은 숙소를 예약하던 때로 거슬러 올라간다. 서영이와의 여행은 일정부터 액티비티까지 모든 것이 중대한 사안이었으나, 그중에서도 여행의 심장은 숙소였다. 왜냐, 나는 숙소는 잠만 자는 곳이 아니다 파의 조직원 중 하나니깐. 어쩌다 인터넷에서 좋은 숙소 보면 그 숙소 있는 나라로 여행 가려는 거, 저만 그런 거 아니죠?

숙소에 진심인 내가, 무려 2주 동안 서영이와 단둘이서만 쓰는 숙소라니. 집에서는 4평 남짓한 방을 둘이서 사용했었는데.

매일 아침과 밤마다 누가 이불 펴놓을지, 이불 갤지 가위바위보를 하지 않아도 되는 우리만의 숙소. 생각만 해도 짜릿했다.

짜릿함을 생각하면서 숙소를 고르다 보니 우리는 집을 보러 다니는 신혼부부처럼 한정된 예산으로 이것저것 따지게 되었다. 수압은 센지, 주방 시설은 좋은지, 주인은 좋은 사람인지, 위치는 좋은지 등등. 게다가 혼자가 아닌 둘이라고 생각하면 따질 것은 배가 된다. 누군가에겐 샤워기 수압이 약한 것이 별 문제가 아니어도 상대방에겐 집을 볼 때 제일 중요한 조건으로 꼽히는 것처럼. 4평짜리 방에서 함께 생활할 때는 어쩔 수 없이 서로 양보했지만, 여기선 내가 원하는 거, 서영이가 원하는 것을 다 충족시킬 수 있는 곳을 찾고 말 테다. 그리고 아무럼. 이건 여행이기도 했다. 그러니 여행지에서만 느낄 수 있는 분위기 역시 빠질 수 없었다. 이를테면 드넓은 푸른 수영장이라던가. 치앙마이 특유의 푸릇푸릇한 느낌이라던가. 도시에서는 좀처럼 느끼기 힘든 자연의 분위기 말이다.

까다로운 신혼부부를 가장한 우리는 하나씩 조건을 따져가며, 여러 후보의 숙소를 탈락시켰다. 수많은 곱표 속에서 살아남은 두 개의 동그라미.

1번. 치앙마이만의 푸릇한 느낌이 가득하고, 근처에 음식점이 있다. 하지만 수영장이 없고 화장실이 다소 낡았다.

2번. 쾌적한 리조트 형태의 숙소. 근처에 마트가 있고 푸른 나무들 속에 드넓은 수영장이 있으며 화장실이 깨끗하다.

나를 갈등하게 만들었던 문제의 첫 번째 숙소

두 번째 숙소 수영장의 야경.
여기 안 왔으면 후회 할 뻔 했다구요.

글로만 본다면, 1번은 바로 탈락이다. 푸릇푸릇한 느낌말고는 딱히 좋은 게 없다. 물놀이에 환장하는 우리에게 찰떡인 수영장도 없고 화장실도 낡았으니. 그러나 사람의 욕심은 끝이 없다. 숙소 사진을 보고 나니, 1번 숙소도 치앙마이 분위기가 풀풀 풍긴다. 치앙마이를 느끼기 딱 좋은 곳이랄까. 같이 가는 거니깐 이왕이면, 오랫동안 머물 곳이니깐 이왕이면 좋은 곳에서 지내야지. 그렇게 숙소 예약의 늪에 빠져버렸을 때였다.

"어차피 2주 동안 가는데, 한 3일 정도는 첫 번째에서 묵고 나머지는 두 번째 숙소에서 묵으면 안 돼? 한 곳에서만 머무르란 법 없잖아."

"와, 씨. 서영아, 니 천재가."

"아니 언니가 바본거지."

와, 나는 왜 이걸 생각하지 못했을까. 서영이 말마따나 한 숙소에서만 머물라는 법도 없었는데. 게다가 첫 번째 숙소에서 3일 정도 지내고 두 번째 숙소로 가면 되려 숙박비도 저렴해진다. 이렇게 합리적인 걸 왜 생각하지 못했단 말인가.

이렇게 눈앞의 것만 보다 보면, 쉽게 할 수 있는 생각도 도저히 떠오르지 않을 때가 있다. 삶에서도 역시, 당장의 것만 생각하다 보면 오히려 가야 할 목적지를 잃어버리기도 한다. 그렇게 욕심은 우리의 길을 잃게 만든다. 그럴 땐 주위를 둘러보자. 늘 옆엔 길동무가 있을 테니. 같이 고민하고 나누며 선택하기를. 지금 내 옆에서 갑작스레 천재가 된 김서영처럼!

④

모든 것은 필연적이야

치앙마이의 이른 아침

이른 아침이다. 세수도 하지 않은 채, 잠든 동생을 뒤로하고 대문을 나선다. 무성한 나뭇잎들 사이로 햇볕이 내리쬔다. 살랑이는 바람에 흔들리는 나뭇잎들의 소리가 내 귀를 간지럽힌다. 조용히 눈을 감는다. 지금 이 순간, 이곳에 있는 모든 것들이 나를 쓰다듬는다. 괜찮다고, 결국 너는 해냈다고.

스물둘, 대학교 2학년을 마치고 냅다 휴학을 했다. 오랜 다짐으로부터 비롯된 것이었다. 대학교 2학년을 마치고 나면, 1년 동안 오로지 나만을 위한 여행을 하겠다는 것. 순조롭게 진행되는 듯했다. 3월에 대학 친구들이 가기 싫다고 몸부림치면서도 학교에 가는 동안, 나는 가방 대신 캐리어를 끌며 코타키나발루 여행을 가고, 인스타에 사진을 막 올려댔으니. 얼마나

짜릿하던지. 4월도 마찬가지였다. 갖가지 꽃으로 뒤덮인 봄을 뒤로한 채 나는 가장 뜨겁던 한여름의 치앙마이로 떠났다. 떠날 때까지만 해도 앞으로 일 년간은 여행을 원 없이 하리라 생각했다. 그러나 치앙마이를 갔다 온 뒤로 나는 다시 떠날 수 없었다. 2년이 넘는 시간 동안 지켜온 다짐이 고작 4월을 마지막으로 끝나버렸단 얘기다. 온전히 혼자만의 시간을 보냈던 치앙마이에서의 한 달이 나를 또 다른 방향으로 움직이게 했기 때문에.

낯설고 말도 제대로 통하지 않는 곳. 그럼에도 느슨한 마음을 갖게 만드는 곳. 치앙마이에서 나는 한 달이라는 시간 동안 온전히 나에게 집중한 채, 나도 모르던 나를 알아갔다. 가령, 더운 것을 끔찍이 싫어한다 했지만, 치앙마이에선 40도가 육박하는 더위에도 느긋이 길을 걷고 있는 나를 발견하거나, 맥주를 싫어한다 했지만 숙소에 돌아오면 조용히 맥주를 꺼내 한 모금 들이켜는 나를 발견하는 방식으로.

그랬다. 치앙마이는 천천히 느린 속도로, 나 스스로를 알아가도록 만든 곳이었다. 내가 누군지. 무엇을 좋아하고 싫어하는지. 그렇게 눈부신 햇빛 속을 느리게 걸어가며 나의 소리를 들었다. 내가 어떤 마음인지, 어떤 생각을 하는지, 어느 하나 귀 기울여주는 사람 없었지만, 거기엔 내가 있었다.

한 달간의 시간이 하나의 문장으로 정리되던 그 순간, 떠오른 사람은 사랑하는 사람도 아닌 좋아하는 친구도 아닌, 그닥

친하지 않은 동생이었다. 가장 잘 알고 있다고 생각했지만, 몰랐던 내 모습을 발견한 것처럼, 동생 역시 그런 존재였다. 몸을 부대끼며 오래 지내왔지만, 정작 동생에 대해서 아는 건 하나도 없는. 몰랐던 내 모습을 알게 되어 나를 더 사랑하게 된 것처럼, 동생을 진정으로 사랑하고 싶어졌다. 말로만 핏줄이라고 하는 게 아니라. 그저 가족이라는 테두리 안에만 있는 것이 아니라. 진정 사랑으로. 그렇게 동생을 데려오겠다 다짐한 순간이 치앙마이에 있었다.

그러나 깨달음과 다짐은 현실에 부딪혀 희미해지기도 한다.

동생을 데리고 다시 치앙마이에 오고 싶은데 수중엔 돈이 없었다. 이제껏 모은 돈으로 동생과 여행을 떠나기엔 턱없이 부족했다. 더 많은 돈이 필요했고, 기왕이면 단시간에 벌고 싶었다. 깨달음과 감정이 희미해지기 전에. 가능하면 빨리. 알바 앱을 샅샅이 뒤졌다. 구인공고를 아무리 스크롤 하며 내려봐도, 나이도 어리고 경력도 없는 내가 할 수 있는 일은 별로 없었다. 애꿎은 알바 앱만 뒤적거리던 내게, 한 친구가 솔깃한 일을 추천해 주었다. 골프장 캐디. 공만 잘 보면 되고 하는 일도 쉬운데 돈도 많이 준단다.

지금 생각해 보면 일도 쉬운데 돈을 많이 주는 일이 있겠냐만서도 그 당시에는 친구의 말을 철석같이 믿었다. 그리고 몰랐다. 한 치의 의심도 없던 믿음의 대가는 잔혹하다는 것을.

각종 인터넷 카페를 뒤지며 골프장 캐디를 모집하는 곳을 검색했다. 그리고 가게 된 경주의 어느 골프장.

"캐디 하면 성희롱 많이 당한다던데… 다른 일 찾아보면 안 될까?"

엄마 아빠가 걱정스러운 마음을 내비쳤다. 혼자 한 달 여행을 갈 때도, 휴학을 할 때도 아무 소리 않던 분들이. 괜히 큰소리쳤다. 내가 그런 일에 당할 사람이냐고. 힘들면 언제든 내려오겠다고.

그렇게 올라간 경주에서 나는 매일이 힘들었다. 성희롱 따위가 아니었다. 무엇보다 나를 끈질기게 괴롭혔던 것은, 내가 너무 못난 사람이라는 자괴감. 완벽하게 잘 해내고 싶은 내 욕심은 결국 자괴감으로 돌아왔다. 마음이 앞선 탓이었다. 캐디를 하려면 골프에 관해서 알아야 하는데 나는 아무것도 몰랐으니까. 골프 룰도, 골프용어도 심지어 운전까지도.

지금 생각해 보면, 처음 하는 일은 못 하는 게 당연한데도, 잘 해내야만 한다는 생각이 나를 불구덩이로 뛰어들게 했고, 일을 배우기에 부족한 시간은 부채질을 서슴없이 해댔다. 익숙하지 않은 일을 한 달 반이라는 짧은 시간 안에 능숙하게 해내는 사람이 되어야 했으니까. 매일같이 새벽 다섯시에 일어나 골프장을 걸으며 코스를 익혀야 했고 고객에게 맞는 클럽 서브하는 법을 배워야 했으며, 스코어 계산하는 법을 배웠다. 발바닥에는 물집들이 터지고 다시 생기길 반복했고, 많은 클럽을 들던 양팔은 멍이 들었다. 몸에는 내가 고생한 흔적들이 쌓

여가는데 실력은 제자리였다. 클럽 서브를 연습해도 실수는 늘 튀어나왔고, 스코어는 아무리 세어도 하나씩 틀렸다. 매일 아침 보는 코스인데도 코스 설명을 더듬기 일쑤였다. 마음이 조급해졌다. 아무것도 몰랐던 내가 이 모든 걸 능숙하게 해내기엔 시간은 턱없이 부족했다. 매정한 시간은 나를 기다려주질 않았고 나는 실수투성이가 되어있었다.

어떤 날은 모든 것이 감당하기 벅차서 샤워기를 틀고 숨죽여 울기도 했다.

나는 무얼 위해 이렇게 하는 거지? 그만큼 여행이 나에게 중요한가? 동생을 왜 데리고 가고 싶었을까. 왜 이 일을 택했을까. 돈이 뭐라고. 그냥 돌아가고 싶어.

수많은 물음과 후회들이 머릿속을 가득 메웠다. 돌아가고 싶었지만 돌아갈 수가 없었다. 포기하고 집으로 간다면 정말 못난 사람이 될 것만 같았으니깐. 힘들면 언제든 내려오라는 엄마의 말이 저 멀리서 손짓 해댔지만 나는 이곳에 남기로 택했다. 실수투성이가 될지언정 약속은 지키는 사람이 되자고. 뱉은 말을 지키고 싶었다. 여행에서 얻은 다짐이 현실로 인해 무뎌지지 않기를 바랐다. 그거야말로 정말 멋없는 일이라고 끊임없이 되뇌었다. 그리고 그때의 나처럼 치앙마이에서 즐거워할 서영이의 얼굴을 계속 그렸다. 함께 그곳의 정취를 다시 느끼고 싶었다. 다시 내 안의 소리에 귀를 기울이기 시작하니, 나만 못났다고 생각하면서 혼자가 되고 싶진 않았다. 나를 미워

하는 건 정말 나조차도 나를 혼자로 내버려 두는 일이었으니 깐. 엄마 아빠의 품속으로 도망치는 것이 아니라 치앙마이로 돌아가야 했다. 그러기 위해선 버텨야 했다. 뭐든지 3개월만 버티면 괜찮아진다는데. 그렇게 다짐하며 버티던 날들이 반년이 흘렀고 한 해를 넘겼고 드디어 1월에 나는 치앙마이로 돌아왔다.

숨통이 트인다. 콧구멍에 벌레가 들어올 만큼 숨을 들이마셨다가 갈비뼈가 쪼그라들 정도로 숨을 내쉰다. 그렇게 몇 번을 반복했다. 숨을 쉬었을 뿐인데, 그간의 힘든 감정들이 빠져나갔다. 이곳에 오기 위해서 했던 모든 고생들이 당연해졌다. 오기 위한 관문이었을 뿐이었던 것처럼. 이 모든 건 지금 이 순간에 있어 필연적이다.

⑤ 어쩔 수 없는 한국의 고등학생

치앙마이에 와서도 숙제를?

뭐든지 지금이 아니면 안 될 것 같은 순간이 존재하는데, 나에겐 서영이와의 여행이 그랬다.

캐디라는 직업의 특성상, 다른 계절에 비해 겨울에는 다소 여유롭게 일을 할 수 있는 편이다. 겨울에는 잔디가 얼어 골프 치기 좋은 환경이 아니어서, 골프장의 고객들이 다 따뜻한 나라로 골프 치러 가는 덕분이다. 그렇기에 2주 동안 여행을 가기 위해선 골프장이 비수기인 겨울에 가야 했고, 그래서 1월이 우리에겐 여행의 적기였다.

1월에 떠나기로 마음먹은 데에는 또 다른 이유가 하나 있었는데, 서영이가 고등학교 2학년이 되었다는 것이었다. 내년에 가게 되면 서영이는 고3 수험생으로 신분이 변하기 때문에, 여행을 떠나기엔 서영이에게 부담이 될듯했다. 그리고 고등학교 3학년 수험생활을 하기 전에 여행을 다녀온다면 좋은 추억이 되어 힘든 기간을 버틸 수 있을 것 같았다. 이런 이유들로, 나는 올해 1월에 가기로 결정했다.

신중에 신중을 기해서 1월을 선택하고 한국을 떠나왔더라도 서영이가 한국의 고등학생인 건 변하지 않는 사실인가 보다. 서영이가 자는 틈을 타 아침 산책을 하고 돌아왔더니 어느새 일어나 부엌 식탁에 앉아 무엇인가를 열심히 보고 있다. 뭔가 하고 봤더니… 영어 지문이 빼곡한 모의고사 문제지. 그 모습이 어이가 없어 웃음이 나왔다.

"니 지금 뭐 해?"

"숙제.."

"수우우욱제에???! 대박이다 진짜."

"2주 동안 학원 안 가니깐 숙제 완전 많다."

잠에서 덜 깬 건지 아니면 숙제를 하고 있는 자신의 모습에 체념한 건지, 서영이가 힘없는 목소리로 대답한다. 아 이러면 안 되는데. 멍하게 문제지를 보고 있는 동생의 모습을 보니 놀리고 싶은 마음이 드릉드릉 시동을 건다.

「서영이 약 올리기 1단계 - 말로 살살 약 올린다.」

"으 누가 여행 와서 숙제를 하노. 지이이인짜 하기 싫겠다."

"니 숙제 냄새 여기까지 난다."

나의 놀림에 내성이 생겨버린 건지, 서영이는 한 번 째려보

여행할 때 올렸던 인스타 스토리

더니 귀를 막고 다시 문제에 집중하기 시작한다. 하지만 여기서 멈출 내가 아니지. 반응이 없다면, 2단계를 사용할 차례다.

「서영이 약 올리기 2단계 - 카메라를 들이민다.」

요리조리 휴대폰을 서영이 얼굴에 들이밀며 찍기 시작한다.

"아 언니 뭐 하는데! 하지 마라!"

"여기 보세요~ 어머. 치앙마이까지 와서 숙제를 하시나 봐요. 어쩔 수 없는 한국의 고등학생이신가 봐요."

끈질긴 나의 장난에 서영이가 '아 진짜'를 외치며 문제지를 치운다. 진작에 그럴 것이지.

악랄한 방법이긴 하지만, 지금 여기는 한국도 아니고 우리는 놀려고 왔는데, 서영이가 숙제를 하는 것을 지켜볼 수 없다.

지금 여기에서만큼은 고등학교 2학년이 아니라 낭랑 18세 김서영이 되었으면 좋겠으니깐.

숙제를 치우게 만든 다음, 바로 옆에 예쁜 브런치 카페가 있다고 가보자고 서영이를 유혹했다. 먹보 서영이라면 절대 참지 못할 게 분명하다. 아니나 다를까. "언니 오늘 그럼 옷 뭐 입을 건데?"라고 내게 말을 건네며 슬금슬금 나갈 준비를 하기 시작한다.

사실 예쁜 카페는 서영이를 유혹하기 위한 수단이었고 진짜 목적지는 따로 있었다. 숙소 10분 거리에 위치해 있는 반캉왓 마을. 다양한 상점들이 모여있는 곳으로 현지 예술인들의 공동체 마을이다. 찾아본 바로는 2014년에 '나따웃 룩프라싯'이라는 아티스트에 의해 조성된 공동체 마을로써 마을 내 상점들이 판매하는 품목이 겹치지 않는 것을 원칙으로 삼아 볼거리가 다양하다고 한다. 그런 곳을 안 가는 건 도리가 아니죠. 게다가 여기는 입소문이 난 곳이기에 관광객들이 많을 확률이 높다. 서둘러 문 여는 시간에 맞춰 가야 한다! 사실 서영이의 숙제를 덮게 만든 이유도 여기에 있었다.

얼핏 보기엔 정말 작은 곳인데, 구석구석 둘러볼 곳이 많다. 소품 상점에서부터, 그림들이 잔뜩 걸려있는 상점, 달콤한 후식을 파는 카페, 여러 종류의 책들이 있는 아담한 규모의 도서관까지. 이게 끝이 아니다. 끝으로 들어가 보니 귀여운 고양이들이 잔뜩 있다. 게다가 이게 웬걸. 닭들도 보인다. 마을이라고 하기에도 작은 공간에서 자꾸 하나씩 뭐가 튀어나온다. 전혀 생각지도 못했던 닭까지! 그런데 이 모든 것들이 어색하지 않고 한데 어우러져 조화를 이룬다. 예술인들의 공존을 목표로 한 마을이라는데, 정말이지 이곳에 있는 모든 것이 공존을 이루는 모양새다. 제아무리 다른 것이라고 해도, 있는 그대로 받아들인다면 그것이야말로 공존이 아닐까. 반캉왓 마을처럼.

"언니 배고파."

마을을 한참 바라보고 있던 탓에 내가 서영이를 예쁜 카페로 유혹해서 데리고 나왔다는 사실을 잊어버렸다. 오전부터 한참 돌아다녔으니, 배고플 만도 하다. 그래, 이제 음식들이 우리의 뱃속 안에서 한데 어우러져 공존을 할 시간이다. 배고파하는 서영이에게 구글에서 열심히 검색한 곳을 슥 보여주었다. '네이버후드 카페'라고 음료뿐 아니라 각종 식사류를 판다기에, 점심을 먹기 좋을 것 같았다. 근데 와 보니 바로 우리 숙소 옆이다. 등잔 밑이 어둡다더니, 항상 일정을 일찍 시작한 탓에 바로 옆에 카페가 있는지도 몰랐다. 서영이와 '와 대박'을 외치며 카페로 들어갔다.

낯선 곳에선 무난한 음식이 최고지 하며 파스타를 주문 후, 아까 반캉왓에서 찍었던 사진들을 구경하고 있는데, 서영이가 조용하다. 고개를 들어서 보니 아까 아침에 포기하게 만들었던 영어 모의고사 문제지다. 숙소를 나서기 전에 뭔가를 급하게 챙기던데, 그게 숙제였나 보다. 내가 제일 끈질기다 생각했는

카페에서 음식을 눈앞에 두고도 숙제를 놓지 않던 서영

데, 서영이는 나보다 더하다. 뛰는 김혜미 위에 나는 김서영.

"와 진짜 대단하다. 여기서 숙제가 눈에 들어오나?"

"해야지… 얼른 끝내야 나도 나중에 맘 편하게 논다…"

"한국 가서 하면 안 되나?"

"언니. 미루면 미룰수록 숙제는 늘어난다…."

맞는 말이긴 하다. 숙제를 미루고 한국에 가면 숙제는 배로 늘어나 있을 거고, 그걸 생각하면 서영이도 마음 편히 놀 수 없을 테다. 사실 서영이가 하루 종일 숙제를 붙잡고 있는 것도 아니고 틈날 때마다 자기가 한다는데 말릴 수도 없는 노릇이니까. 솔직히 말하면 놀래기도 했다. 오전부터 하루 종일 놀아서 숙제는 까맣게 잊었을 거라 생각했는데, 서영이에겐 아니었다는 것을. 새로운 것을 보고 맛있는 것을 먹어도 서영이의 마음 한구석에는 숙제라는 무거운 짐이 있었나 보다. 그렇게 생각하니 나만 오늘 하루를 즐긴 것 같아 괜히 찡하고 미안한 마음이 든다. 미안한 마음이 사라지려면 서영이가 숙제를 빨리 끝내도록 돕는 수밖에 없다. 숙제가 사라지면 서영이도 마음의 짐을 내려놓고 진정으로 즐길 수 있을 테니깐!

"그럼 내가 니가 하나 끝내면 채점해 줄게. 내가 채점할 동안, 다른 거 하고 있으면 되잖아."

"오, 콜."

"그리고 아침마다 숙제하셈. 안 괴롭힐게. 아침은 숙제 타~~임."

"그래 빨리 끝내보자."

여기서는 그냥 낭랑 18세가 되길 바랐는데, 어쩔 수 없나 보다. 소개할게요. 제 동생은 숙제와 공존해야 하는, 어쩔 수 없는 한국의 고등학생입니다. 아, 저는 그걸 도와주는 친절한 언니고요.

택시투어에서 만난 그녀들 1

친구 같은 자매

    평소 서영이와 나의 대화는 세 마디를 넘기지 못한다. 사실 그마저도 대화라기보다 무언가 필요할 때 서로를 찾는 일방적인 외침에 가깝다. 나의 경우에는 "야, 김서영 물 좀" 따위의 심부름을 시킬 때 서영이를 찾고, 서영이는 "언니, 나 이 옷 좀 빌려주면 안 돼?" 하며 내 것을 빌릴 때 나를 찾는다. 용건이 해결되면 도통 말을 하지 않는 탓에, 우리는 좀처럼 길게 얘기를 나누는 법이 없었다. 그러니 서로의 취향이나 고민을 알 턱이 있나.

    이런 평소의 습관은 여행을 계획할 때 걸림돌이 되어 돌아왔다. 보통 함께 하는 여행이라 함은 서로의 취향을 고려해 계획을 짜고 돌아다니는 것이니 말이다. 서영이랑 더 친해지고 싫어서 떠나는 여행인데, 서영이의 취향이 녹아있지 않으면 그건 말짱 도루묵이다. 그렇기에 서영이의 취향을 알아야 하는 것이 이 여행의 중요한 숙제였다. 나는 숙제를 하기 위해 서툴면서도 확실한 방법을 택했다. 바로 질문. 왜, 그런 말도 있지 않은가. 모르는 것이 있을 땐 괜히 아는 척하는 것보다 물어보는 것이 낫다는 말.

여행을 앞두고 한동안 대뜸 방문을 열고 들어가거나 생전 하지 않던 카톡으로 무엇을 좋아하고 어딜 가고 싶은지 집요하게 물어댔다. 확실히 서툰 방법이긴 했다. 서영이가 선뜻 답하지 못했으니 말이다. 하긴 평소에 심부름만 시키던 언니가 갑자기 뭘 좋아하고 뭘 하고 싶은지 묻다니. 서영이 입장에서는 꽤 당황스러웠을거다. 그러나 나는 끈질기게 물어댔고, 방법도 바꿔 다짜고짜 묻기보단, 여러 가지 선택지를 주고 원하는 것이 무엇인지 고르게 했다. 며칠이 지나니 서영이는 하나둘씩 고르기 시작했고, 나는 서영이의 선택지 속에서 눈에 띄는 하나를 발견했다.

나랑 전혀 다른 사람인 줄 알았던 서영이가, 나와는 전혀 공감대가 없을 거라 단정 지었던 서영이가, 생각보다 나와 비슷한 취향을 가지고 있었다는 것. 나와 마찬가지로 일몰을 좋아했고 야경을 좋아했고 액티비티를 좋아했다. 대부분의 사람들이 좋아하는 흔한 취향이라도 나와 공통점이 없을거라 생각했던 상대에게서 나온 대답은 그 흔한 취향도 특별하게 만드는 힘이 있었다. 일몰을 좋아한다는 서영이의 말을 들었을 때 몬 쨈을 떠올렸고, 야경을 보고 싶다는 말에 도이수텝을 가야겠다 생각했다. 그리고 나에겐 이 모든 것을 실현시켜줄 사람이 있었다. 바로 도민준. 이름만 보면 한국 사람 같겠지만 민준은 한국 드라마를 너무 좋아한 탓에 도민준이라는 이름을 지은 태국인 오빠였다. 혼자 한 달 살기할 때 알게 된 그랩 기사님이었는데, 한국 와서도 종종 연락을 주고받았기에, 당연히 이번 여행에서 민준을 떠올릴 수 밖에 없었다.

민준과의 재회

- 나 동생이랑 치앙마이 갈 거야. 네가 너무 보고 싶어.

- 나도 네가 보고싶어. 그리웠어.

- 여행 둘째 날에 몬쩸이랑 도이수텝을 다녀오고 싶은데 우리랑 같이 택시투어 해줄 수 있어?

- 물론이지.

일단 첫 단계는 통과다. 두 번째 단계는 택시투어의 동행을 구하는 것이다. 보통 택시투어의 비용은 8시간에 2200밧(한국 돈으로 7만 8천 원 정도). 둘이서 부담하기엔 꽤 비싼 금액이다. 그러나 두 명이 아닌 네 명으로 돈을 나눠 낸다면? 자연스럽게 합리적인 금액이 된다.

주머니가 가벼운 우리들은, 합리적인 여행을 위해서 동행을 구해야 했다. 그렇게 찾은 것은 네이버의 '아이 러브 치앙마이' 라는 카페. 혼자 한 달 살기 할 때도 유용한 각종 정보를 주고받던 카페인데, 이번에도 동행을 구하고자 접속했고 글을 올렸다.

「1/7 치앙마이 몬쩸 일몰과 도이수텝 야경투어 하실 두 분 구합니다.」

글을 올린 지 몇 분이 채 지나지 않아, 댓글들이 달리기 시작했다. 처음은 중년 부부인데 함께 할 수 있겠냐는 댓글. 첫 댓글이기에 잠시 고민이 되었지만 우리와 비슷한 또래가 좋을 것 같았다. 연이어 달린 두 번째 댓글. 20살과 26살 자매란다! 더 이상 생각할 필요가 없었다. 비슷한 또래기만 하면 OK였는데, 같은 자매에다 나이 터울까지 비슷하다니! 아직 얼굴도 보지 않았지만 왠지 잘 통할 것 같은 기분이다.

약속한 1월 7일. 호수로 향하는 민준의 차 안에서, 서영이와 나는 무슨 말부터 해야 하나 긴장하고 있었는데, 재이와 지현이라는 예쁜 이름을 가진 그녀들이 이것저것 질문을 하기 시작한다. 몇 살인지, 언제 치앙마이에 왔는지, 어떤 것이 재밌었는지, 민준과는 어떻게 아는 사이인지. 쏟아지는 질문에 대답을 하다보니, 차창 너머로 호수가 보였다. 그런데 왜일까. 보고 싶었던 호수였는데, 호수의 풍경보다는 재이와 지현 언니에게 자꾸 눈길이 갔다. 분명 우리와 비슷한 터울인데 우리와는 다른 모습. 우리에게선 볼 수 없었던 친구 같은 모습. 웃고 짜증을 내다가도 어느새 수다를 떠는 모습이, 내가 생각하는 언니 자매의 모습을 여실히 보여주고 있었다.

내심 부러워 물었다. 둘은 나이 차이가 꽤 있음에도 친구처럼 대화를 많이 하는 것 같아서 부럽다고. 그러자 둘은 별다를 것 없다는 듯이 말했다.

"우리도 학생 때는 그랬어. 재이가 대학생이 아니고 내가 대학생이었을 때, 그때는 별로 대화를 안 했던 것 같아. 그런데 둘 다 성인이 되고 나서부턴 무언가 공감대가 생기더라고."

"맞아, 여전히 우리도 싸울 때가 있지만 공감대가 많이 생기다 보니깐 확실히 예전보다는 친구로 지내는 것 같아."

그녀들의 답은 결국 시간이었고, 두 사람도 우리의 모습과 같았다는 말에 안도감이 들면서도 시간은 내가 어떻게 해결할 수 있는 것이 아니기에, 막연함도 같이 몰려왔다. 계속해서 둘의 대답을 곱씹었다. 그리고 언니가 말한 공감대. 나는 거기서 내 질문의 답을 찾을 수 있었다.

서영이와 나의 공감대가 전혀 없을까. 하다못해 질문만으로도 서영이와 나의 취향이 비슷한 걸 알았는데 정말 공감대가 전혀 없던 것일까. 사실 공감대는 여러 곳에서 있었다. 다만 나의 어리석은 편견 때문에 몰랐던 것일 뿐. 서영이는 내 고민을 전혀 이해하지 못할 것이라는 편견. 우리가 깊은 대화를 나누기엔 서영인 어리다는 편견. 이런 나의 닫힌 생각이 공감대를 찾기 위한 노력조차 하지 못하게 만들었다. 친구 같은 자매가 되기 위해선 노력이 필요했다. 서로를 이해하는 것부터가 시작이라고. 노력하기로 마음 먹으며 몬쩸으로 향했다.

몬쩸은 고산지대라 차를 타고 올라가서도 내려서 꽤 걸어 올라가야 한다. 천천히 올라가고 있는데, 서영이가 힘들다며 은근슬쩍 내게 어깨동무를 한다. 옛날 같았으면 손 치우라고, 나도 힘들다고 했을 텐데, 서영이가 무릎이 안 좋다는 걸 알아서인지 아니면 아까 다짐했던 '노력하기' 때문인지 나는 아무 말 없이 받아주었다.

사실 나는 서영이가 무릎이 아프다고 하면 꾀병이라고 생각했다. 저 정도는 버틸 수 있을 것 같은데, 매번 아프다고 엄마한테 징징거리는 모습이 보기 싫었다. 무릎이 아프다고 하는 것도 그냥 네가 자세가 안 좋아서 그런 거니 자세 고치라고 하기

바빴다. 서영이가 느끼는 아픔이나 힘듦을 그저 투정으로 치부했고, 어리광으로만 생각했다. 그러던 어느 날, 서영이는 자기가 좋아하던 운동을 하나둘씩 포기하기 시작했고, 병원에서 선천적으로 무릎 연골이 좋지 않다는 진단을 받았다. 머리를 한 대 맞은 기분이었다. 왜 나는 내가 힘든 것만 생각하고 서영이가 힘들고 아픈 건 아무것도 아닌 것으로 단정 지었을까. 나는

첫째고, 나만 힘들고, 서영이는 막내니깐 아무것도 모를 것이라 생각했다.

    서영이가 내 부축을 받으며 올라가면서 지금, 그때의 생각을 얘기해야 할 것만 같았다. 내가 너의 아픔을 생각하지 못했다고 말하는 것부터가 노력의 시작이었다. 조심스레 무릎이 많이 아픈지, 운동 포기하게 돼서 슬프진 않은지 물었다. 서영이

몬쨈의 아름다운 풍경

에겐 뜬금없는 질문이었을텐데, 서영이는 괜찮다고 또 다른 기회는 있을 거라 덤덤하게 말했다.

덤덤한 대답에 갖가지 생각이 스쳤다. 언제 그렇게 나보다 어른스러워졌는지. 우리를 가로막고 있었던 것은 결국 나의 편견이었었음을. 몬쩜 정상에 도착했을 뿐인데 서영이의 키가 꼭 자란 것만 같았다. 같은 자리에 나란히 서, 몬쩜의 풍경을 바라보았다. 높은 언덕은 온갖 꽃들로 뒤덮여있었고, 태양은 그 언덕을 붉게 물들이고 있었다. 괜스레 눈물이 나왔다. 햇빛이 너무 눈부셔서라고 말했지만 그것은 나에 대한 후회와 서영이에 대한 안도감과 대견함이 섞인 눈물이었다.

도이수텝의 모습

도이수텝을 지키고 있는
눈썹 그린 강아지

(참고설명: 도이수텝은 산 꼭대기에
있는데도 불구하고 강아지들이 많이
있습니다. 듣기로는 먹이를 찾아서
도이수텝까지 올라온다고 하더라고요.)

⑦ 택시투어에서 만난 그녀들 II

도이수텝 아니, 트렁크 투어

반가웠던 민준과의 재회, 처음 봤지만 편안했던 재이와 지현 언니. 즐거웠던 몬쨈을 내려오니 야경을 위한 밤 투어가 기다리고 있었다. 해가 있던 자리에, 달이 모습을 드러낼 때쯤, 우리는 도이수텝으로 향했다.

도이수텝. 도이는 산이라는 뜻을 가진 태국어고 수텝은 절을 의미한다. 즉, 산에 있는 절이라는 뜻인데, 치앙마이의 제일 높은 곳에 위치하고 있어 치앙마이의 전경을 보기 제격이다. 게다가 야경이라니. 한 달 살기 하면서 두 번 정도 와봤던 곳이지만 서영이에게 꼭 보여주고 싶었다.

그러나 도이수텝에 가기 위해선 한 가지 관문이 존재한다. 꼬불꼬불한 산길. 도로가 포장되어 있긴 하지만 워낙 높은 곳에 있는 탓에 한참 차를 타고 올라가야 하는데 길마저 굉장히 꼬불꼬불하다. 나는 뭐 걱정이 없다지만, 서영이는 멀미가 심하다. 재이와 지현 언니에게 양해를 구하고 서영이를 민준의 옆자리인 조수석에 앉혔다. 멀미를 걱정한 것이 무색하게 우리는 차에 타자마자 곯아떨어졌다. 흠흠. 일일투어가 은근 빡세다고요.

그렇게 얼마나 시간이 지났을까. 도착했다는 민준의 말에 눈을 떠보니 거대한 도이수텝의 입구가 우리를 맞이한다. 예쁜 야경을 사진으로 남기고 싶었지만 눈에 보이는 것만큼 사진에 예쁘게 담기질 않는다. 과감히 사진 찍기를 포기하고 서영이와 나는 도이수텝의 구석구석을 둘러보았다. 그러는 것도 잠시. 우리가 늦게 와서인지 사람들은 대부분 돌아가고 있었고 우리도 내려갈 준비를 해야 했다. 이렇게 투어가 끝난다고요? 투어의 마지막을 이대로 장식하기엔 무언가 아쉽다. 우리의 아쉬운 마음을 눈치챈 것일까. 차에 타려는데, 민준이 갑자기 말한다.

"차 트렁크에 탈래?"

이 말을 듣자마자 우리 넷은 약속이라도 한 듯 예스를 외쳤고, 험하다는 꼬불꼬불 길을 차 트렁크에 앉아 서로를 붙잡으며 노래를 틀고 내려갔다. 서로 우리가 너무 멋진 것 같다며, 언제 차 트렁크에 타서 오겠냐는 말을 나누며 웃어댔다. 중간쯤 내려왔을까, 민준은 차에서 내려 멋진 야경을 배경 삼아 트렁크에 타고 있는 우리 모습을 카메라 담았다.

트렁크 드라이브를 한껏 즐기고 있는 서영

저희 예쁘게 나오나요?

오늘 찍은 수많은 사진 가운데, 이 사진은 정말이지 날 것의 모습이었다. 바람을 많이 맞아 꼴은 엉망인데다, 빛나는 야경이 배경이 된 탓에, 얼굴은 까맣게 되어 제대로 보이지 않았다. 그런데 보였다. 그냥 이 순간을 즐기며 웃고 있는 우리들의 모습이. 이 순간만큼 우리 모두가 진정으로 함께하는 것이 분명했다.

즉흥적이었던 트렁크 탑승은 투어의 마무리로 충분했다. 함께한 순간이 즐거웠다는 사실은 헤어짐에 대한 아쉬움을 주었지만. 그럼에도 우리는 여기서 헤어지기로 했다. 이제 진짜 서영이와 친구 같은 자매가 될 거니깐. 몬쨈에 오르면서 한 발짝 가까워졌던 것처럼 이제는 서영이와 오늘에 대해서 더 얘기를 나누고 싶어졌다. 서영이의 생각이 궁금해졌다. 서영이는 지금 무슨 기분일까.

(8)

체력의 차이

젊은이들의 야시장, 플로엔 루디 마켓

치앙마이에는 각종 야시장들이 있는데, 야시장 중에서도 현대적이고 젊은 느낌이 가득한 곳을 찾는다면, 내가 지금 와 있는 이곳, 플로엔 루디 마켓을 추천한다.

사실 야시장이라 하기엔 크기가 작은 편에 속하지만, 어쨌든 마켓이니 나는 이곳을 젊은이들의 야시장이라 부르겠다. 어떤 느낌인지 간략하게 설명하자면, 한가운데 무대가 있고 그 주위를 푸드트럭이 둘러싸고 있다고 생각하면 된다. 무대를 보며 흥을 돋우는 곳이다 보니 파는 음식도 맥주 혹은 칵테일과 어울리는 립갈비나 컵스테이크, 혹은 간단한 종류의 스낵을 판다. 대충 감이 오시나요?

플로엔 루디 마켓의 신나는 무대는 젊고 개성이 강한 밴드

플로엔 루디 나이트 마켓의 모습

들이 채운다. 한 팀씩 돌아가며 다양한 종류의 노래를 부르는데, 그 음악에 맞춰 춤을 추며 공연을 즐기는 사람들 덕에 지루할 틈이 없다. 공연을 보는 사람들은 대개 둘로 나뉜다. 앞에 나가서 춤을 추는 사람과 그들을 보며 박수를 치는 사람. 내가 좀 흥이 들끓는다 싶으면 춤을 추는 사람들 틈에 끼어 몸을 흔들면 되고, 박수에 소질이 있다 싶으면, 춤을 추는 그들을 바라보며, 박수를 보내면 된다. 그렇게 외향적인 사람과 내향적인 사람이 하나가 되는 플로엔 루디 마켓.

나는 지금 박수를 보내고 있는데, 이건 내가 내향적이어서 그렇다기보단 전적으로 피곤한 사람이기 때문이다. 잠이 온다. 눈이 감긴다. 내 체력의 한계다. 분명 서영이와 얘기를 나누겠다고 생각하며 왔건만 나는 아까부터 눈이 감긴다. 어쩌다 이 모양이 되었나?

오늘 우리의 하루를 다시 되돌아보면, 오전에는 반캉왓 마을을 구경하고 오후에는 택시투어를 했다. 그 말은 오늘 하루 동안 쉴 시간이 없었다는 뜻이다. 게다가 우리는 어제 밤늦게 치앙마이에 도착했다고! 피곤할만하지 않냐며 말하고 싶은데, 웬걸? 내 옆의 이 팔팔하고 낭랑하기 그지없는 18세 서영이는 눈에서 막 빛이 난다. 빡센 일정 탓이라 하기엔 나만 피곤한 모양이다. 그렇다면 다른 이유가 준비되어 있습니다. 사실 캐디로 일을 하고 나서부터 직업의 특성상 일찍 출근하기 때문에, 매일 새벽 5시에 일어나고 오후 10시 전에 잠드는 습관이 들었는데, 습관의 무서움이 여기서 발동한 것이다.

젊은이들처럼 밤늦게까지 놀고 싶은데, 눈이 감기는 나를 어찌할까. 이런 나를 두고 서영이는 마켓 여기저기를 누비기 시작한다. 우리 방금 립갈비 받아왔잖아. 좀 앉으면 안 되겠니? 립갈비가 부족한지 기어코 건너편에서 달달한 바나나 로띠를 사 들고 신나게 오는 서영이. 정말 지치지도 않나 보다. 이렇게 옆에서 신나 있는데 계속 피곤한 채로 있을 순 없다. 그건 상대에 대한 예의가 아니지 않는가. 그리고 서영이가 오자고 해서 온 것도 아니고 내가 오자고 해서 온 건데! 흐물흐물한 콩나물 마냥 있을 순 없다. 체면을 걸기 시작했다. 나는 잠이 오지 않는다. 전혀 피곤하지 않다. 지치지 않는다. 나는 싱싱한 콩나물이다. 이렇게 되뇌다 보면 곧 체면이 통할 것이다.

"언니 피곤하면 이제 그냥 숙소 갈까?"

체면 작전은 보기 좋게 실패다.

"티 나나?"

"당연하지. 괜찮다 언니. 나보다 늙었잖아."

뭐…? 늙었어? 아니 물론 내가 서영이보다 5살 많긴 하지만, 나도 아직 20대 초반이라고. 어디 가면 나도 애기 소리 듣는다고 이 자식아. 이 어이없는 소리를 엄마에게 전달하니,

- 당연. 10대와 20댄데.

엄마까지 이러기야? 그러면 엄마는 할머니다!

이렇게 억지를 부리고 있는 나지만, 사실 체력으로 서영이

를 이길 수 없다는 건 자명하다. 무릎이 아파서 운동을 그만뒀다곤 하나, 잘 먹어서 그런지 기본적으로 나보다 체력이 좋으니깐. 더군다나 나는 잠에 정말 취약하다. '밥 먹을래, 잠을 잘래'를 물어보면 나는 당연히 후자다. 낮잠은 필수고 시간도 기본적으로 1시간 이상이다. 고등학생 때는 짧은 쉬는 시간에도 책을 베개 삼아 잠을 잤고, 대학교에서는 한 시간 공강일 때마저도 기숙사로 달려가 잠을 잤으니 말 다 했다. 심지어 시험 기간에도 밤샘을 해본 적이 없다. 버스 타면 곯아떨어지는 건 기본이니. 이제 그만 내가 얼마나 잠이 많은지는 말을 아끼겠다.

올리자마자 엄마에게 "거짓말"이라고
답장 온 문제의 스토리

이렇게나 잠이 많지만 아이러니하게도 아침잠은 없다. 시험기간에 밤샘은 못해도 자다가 새벽에 일어나서 공부를 했고, 캐디 생활을 하면서도 지각한 적은 0건이다. 잠이 많은 건 맞지만 아침잠은 없는 나. 뻔뻔한 면이 있지만 일단 나는 '아침형 인간'이다.

반면 서영이는 올빼미다. 서영이와 나는 방 하나를 같이 쓰는데, 먼저 잠드는 걸 본 적이 드물다. 내가 불 끄라고 소리치면 불 끄고 침대에서 폰을 하거나, 불을 끄고 스리슬쩍 거실로 나가서 친구와 통화를 한다. 시험기간에 공부를 하는 것도 정반대다. 아침에 하기보단, 새벽 늦게까지 하는 스타일. 이렇게 보니, 체력의 차이가 아닌 것 같은데? 내가 나이가 많아서 그런 게 아닌 것 같은데? 그냥 아침형 인간과 올빼미의 차이 아냐? 그렇게 믿고 싶다. 고작 다섯살 차이 나는데, 내가 정말 동생보다 나이가 많아서 체력이 후달린다는 소리는 하고 싶지 않은 것이다. 그냥 생활습관의 차이라고 하면 안 될까?

그러나 내가 아무리 말해도, 서영이는 내 나이가 본인보다 많아서 체력이 딸리는 거라고 생각하고 있는 듯하다. 평소에도 자기 친구들이 쓰는 유행어를 모른다고 늙은이 취급하는데, 여기선 정말 늙은이로 낙인찍힐 판이다. 체력의 차이를 인정하고 싶지 않으면, 내가 정말 젖 먹던 힘까지 짜야 한다. 아까 말했지 않나. 여기는 음식뿐만 아니라 음악과 춤이 함께 있는 곳이라고. 그래, 내가 무대 근처로 가 저 밴드와 어울리면 되겠지. 그럼 서영이는 오, 언니 그래도 덜 지쳤나 보네? 나랑 놀 체력은 되네? 라고 하지 않을까? 스르르 감기던 눈을 부릅 뜨고, 엉덩이를 씰룩대며, 무대 근처로 간다. 차마 무대 위로 갈 용기는 없다. 나를 지켜보던 서영이가 웃는다. 언니 뭐 하는 짓이냐고. 그게 춤이냐며.

그래, 나 몸치다 어쩔래. 여기는 음악을 즐기면 되지, 춤 실력을 보여줄 필요는 없잖아? 그저 음악에 어울리게만 몸을 흔들면 된다고. 잔잔한 노래가 나오면 팔만 살랑 흔들고 신나는 노래가 나오면 엉덩이를 씰룩거리고 스텝을 현란하게 하면 된다. 나의 뚜렷한 주관을 가지고 한참 동안 "언니 어떤데" 하며, 서영이를 향해 춤을 춘다.

"그만해라 이제, 체력 좋다고 해줄게."

저질인 언니의 춤을 차마 볼 수가 없어 뱉은 말이겠지만, 아무튼 체력이 좋다고 인정받았으니 이쯤에서 그만하기로 한다. 이제 유행어 몰라도 10대한테 늙은이 취급 안 받겠지?

분명 인정은 받았는데 왜일까? 몸이 점점 처진다. 눈은 아까보다 더 감긴다. 아무래도 오늘 밤에 잠이 들면 누가 업어가도 모를 것 같다.

어쩌면 우리 둘이라서
재밌을지도?

Part 2.

솔직해질 수 있는 방법

언니는 쫄보

일요일의 늦잠을 포기할 수 밖에 없는 이유

동생이 아메리카노를 왜 마시냐고 묻는다

같은 음식, 다른 표현

동상이몽, 패러글라이딩의 기억

입 짧은 언니와 뭐든지 잘 먹는 동생

사진실력에 미치다

태국에서 아리랑을 들어보신 적 있으세요?

seoyeong

hyemi

솔직해질 수 있는 방법

고백을 위한 데이트코스, 핑 강

 성인이 되면서 내게는 솔직해질 수 있는 방법이 두 가지가 생겼다. 하나는 돈이 좀 드는 방법이고 다른 하나는 그에 비해 저렴한데 단점이 있다. 단점이 꽤나 치명적이다. 솔직하다 못해 이불을 발로 걷어차게 만드는 찌질한 모습까지 드러내게 된다는 것인데, 저렴해서인지 아니면 찌질한 모습을 은근히 즐기는지, 나는 두 번째 방법을 애용하고 있다.

 허나 첫 번째 방법을 사용해야만 할 때가 있다. 두 번째를 사용할 수 없는 사람과 함께일 때. 지금이 꼭 그렇다. 서영이는 미성년자니깐, 두 번째 방법을 사용하기란 쉽지 않다. 짐작이 가겠지만 그건 술이다. 그래서 나는 첫 번째를 선택해서 태국에 왔다. 여행이라는 방법은 돈은 꽤나 들지만, 부작용은 없으니깐. 구태여 술까지 먹어가며 동생 앞에서 찌질한 모습까지 보일 필요야 없다.

방금까지 떠들어댔는데 사람 마음이 간사하다. 태국에 와서 고작 며칠 시간 보냈다고, 두 번째 방법이 욕심이 난다. 어차피 내가 쫄보라는 것은 진즉 들통이 났으니. 찌질한 모습 좀 보여도 되지 않을까 싶어서. 여긴 한국도 아니니 그깟 술 좀 함께 마셔도 되지 않을까 싶어서. 여행에서의 첫 술이라 퍽 낭만적이기까지 하니깐. 술을 마셔야 하는 이유가 넘쳐난다.

커피에는 난색을 표하던 서영이도, 술에는 호기심이 생기는 모양새다. 서영이의 첫 술이라. 뭐든지 처음은 중요하다. 어떤 기억을 남기는지를 결정하기 때문이다. 그러니 어떤 술을 마실지, 어디 가서 마실지, 신중을 기해야 한다. 첫 데이트 코스를 계획하는 남자의 마음으로.

나의 신중한 계획은 이렇다. 선선한 바람이 뜨거웠던 도시를 식힐 때, 핑 강으로 향한다. 술 마시러 가는데 왜 핑 강으로 가냐고요? 그게 완벽한 코스니깐! 강 주변으로 즐비한 술집과 음식점들. 많은 가게들은 이미 핑 강의 경치를 알고 있는 것이다. 해가 뉘엿뉘엿 넘어갈 때 강가에 퍼지는 주황 빛의 반짝임을. 늦은 오후에서 저녁으로 넘어가는 그 강의 아름다운 얼굴을. 그 모습을 보고 술까지 마신다면, 용기 없던 누군가는 용감해지고 숨기는 마음 없이 솔직해질 수밖에 없다. 이렇게 말하고 보니, 정말 고백을 앞둔 남녀의 데이트 코스 같아 웃음이 나온다.

데이트 코스의 첫 단계는 아이언 브릿지에서 시작된다. 아이언 브릿지는 핑 강의 풍경을 감상할 수 있는 철제 다리로, 야경 명소이긴 하지만, 노을 역시 빼놓을 수 없다. 물가에서 보는 노을이 은은한 아름다움을 보여주기 때문. 붉게 물들어가는 하늘만 봐도 아름다운데, 그 하늘을 비추는 강이라니. 더 말할 것도 없지 않나. 이렇게 기가 막힌 경치에서 사진을 안 찍을 수가 없지. 지나가던 여행객을 다급히 붙잡고 우리의 사진을 부탁한다. 구읏을 외치는 걸 보니 기가 막히게 찍혔나 보다. 노을이 아름다우니 사진도 당연히 멋지겠지 생각하며 휴대폰을 건네받았건만, 사진 속 우리는 영락없는 2등신 짜리몽땅이다. 사진을

영락없는 2등신이 되어버린 우리 둘

실패지만 경치도 즐겼고 둘 다 웃었으니 이만하면 코스의 첫 단계는 성공적이다. 그렇다면 이제는 술에 취해 고백을 할 단계다.

술집 근처로 들어서니, 다들 자기 가게로 오라며 호객행위가 한창이다. 당장 나에게 중요한 것은 음식의 맛이나 가격보단, 한껏 감정이 고조된 우리를 기분 좋게 취하게 만들어 줄 그런 분위기를 가진 술집이다. 그 분위기란 자고로 적당한 시끄러움. 사람들의 말소리와 음악소리가 적당하고 그런 소리들이 배경이 되어 나와 서영이가 솔직하게 말해도 부끄럽지 않을 그런 곳. 장황하게 설명을 했지만 한마디로 말하면 '사람이 별로 없는 술집'이란 뜻이다.

한적해 보이는 술집으로 들어가, 그림이 그려져 있는 메뉴판에서 맛있어 보이는 칵테일을 시켰다. 첫 술의 맛은 중요하니깐. 얼마 지나지 않아 나온 칵테일은 내 입에는 합격이다. 서영이도 조심스레 한 모금 마시더니 맛있는지 연이어 잔에 입을 갖다 댄다.

완벽한 데이트 코스의 정점을 향해가는 그 순간! 서영이의 얼굴이 빨개지기 시작했다. 설마 두 세입 먹고? 에이 이건 아니지. 내가 이 순간을 위해서 얼마나 공을 들였는데. 칵테일 한 잔을 다 마시기도 전에, 같은 말을 반복하기 시작했다.

"언니, 나 어지러워."

다른 나라까지 와서 술 한잔하며 경치도 즐기고 동생과 속

술 한 입 먹고 얼굴 벌게진 서영

 깊은 얘기도 나누고 싶어 단계를 차근차근 밟아가며 여기까지 왔는데 물 건너갔다. 소개팅 나온 상대방이 급한 일이 있다며 먼저 일어날 때도 이런 기분일까. 하, 진짜 왜 한 잔도 못 마셔 가지곤. 분위기에 취해보겠다며 꽤 비싼 칵테일을 시킨 나도, 몇 입 마시고 어지럽다 징징거리는 동생도, 다 짜증이 났다.

 "다시는 니랑 술 안 마신다."

 얼굴이 벌게진 채로 취해있는 서영이에게 열을 내며 택시를 불렀다. 택시에 타자마자 내 어깨에 기대 코를 골기 시작하는 서영이. 참나, 어이가 없어도 이렇게 없을 수 있나. 고작 한 잔에 이 모양이라니. 나중에 대학 가서 술은 어떻게 마시려고 이러지. 술 마시고 잠드는 거 진짜 위험한 술버릇이라고. 아, 잠시만! 지금 화를 내야 하는데 나는 왜 서영이 걱정을 하고 있는 걸까. 아무리 내가 독재자이긴 하지만 언니로서 동생이 걱정이 되긴 하나보다.

게다가 생각해 보니 나는 성인이 되면서 술을 많이 접해봤지만, 서영이는 이번이 처음이지 않은가? 하긴 나도 처음 술 먹을 때를 돌이켜보면 무슨 알코올 소독약을 먹냐며 얼굴을 찡그린 기억이 난다. 그래, 서영이는 이번이 처음일 텐데 당연히 어색하고 취할 수도 있는 거다. 근데 이번에도 또 내 입장만 생각하고 말았다. 내가 준비해온 계획을 망친 것 같아서. 사실 내 계획의 목적은 서로에게 솔직해지는 것이었다. 따지고 보면 솔직해지는 건 술 없이도 할 수 있었는데. 다만 쑥스러워 술의 힘을 빌리려 했던 것 일뿐. 저렴해서가 아니라. 찌질한 모습을 즐기는 것이 아니라. 사실 용기가 없을 때 사용하는 방법이었다. 솔직해지기 위해 필요한 건 술 따위가 아닌 용기였는데.

미약한 용기를 가지고 뱉어본다. 서투르고 어설프게. 그런 것들은 언제나 진심이기 마련이니깐. 너랑 이곳에 올 수 있어서 좋다는 말을, 커피도 못 마시고 술도 못 마시는 너지만 그래도 그걸 알게 되어서 좋다는 말을, 진작에 우리가 이렇게 지냈으면 얼마나 좋았을까라는 말을. 그런 마음을 작게나마 뱉어본다. 동생의 숨소리가 잦아든다. 따뜻한 적막이 택시 안에 흐른다.

언니는 쫄보

치앙마이에 그랜드캐니언이 있다고?

누군가를 알고 싶으면 함께 여행을 떠나라. 그 사람의 본모습을 알게 될 것이다.

이 문구가 인생의 진리라고 느끼게 된 것은, 성인이 되고 처음으로 친구와 단둘이 해외여행을 갔을 때였다. 인터넷에서 보았던 '친구와 여행 후 관계를 끊게 됐어요'와 같이 심각한 사건은 아니었지만, 멋모르고 떠났던 둘만의 여행은 우리 관계의 변곡점이 되었다. 잠자는 시간 말고는 거의 붙어있는 고등학교에서, 친구에 대해서 모르는 게 없다고 자신했지만 그건 학교 안에서 만이었다. 학교라는 틀이 없어진 곳에선 우리는 꽤 달랐고 자유로웠으며, 자유는 곧 우리가 서로 다른 취향을 가질 수 있음을 뜻했다.

그랜드캐니언의 모습

나의 첫 해외여행처럼, 짧은 시간이 아닌 낯선 공간에서 대부분의 시간을 함께 하게 된다면 내가 알지 못했던 그 사람의 모습을 자연스레 알게 된다. 그것뿐이랴. 숨기고 싶었던 내 본모습까지 보여주게 될지도 모른다. 좋은 쪽으로든 나쁜 쪽으로든. 대부분의 경우엔 후자겠지만. 그렇다면 나와 서영이는 어떨까. 사실 평소에도 독재자라는 인상이 박혀있는 터라, 더 나빠질 것도 없다. 이미 서로의 안 좋은 모습은 다 알고 있다는 소리다.

이런 내가 생각지도 못한 모습을 보여주게 되었다. 바로 치앙마이의 그랜드 캐니언에서!

그랜드 캐니언. 대부분의 사람들이 듣자마자 미국을 떠올리지만, 우리는 지금 태국이다. 그랜드 캐니언과 거리가 멀어도 너무 멀다. 그럼 도대체 어디에? 정정하자면, 그랜드 캐니언이라고 불리는 치앙마이의 워터파크다. 경주의 캘리포니아비치, 용인의 캐리비안베이를 생각하면 이해하기 쉽다. 숙소의 잔잔한 수영장에 흥미를 잃어갈 때쯤, 지인에게 추천받은 곳인데 검색해 보니 후기도 나쁘지 않다. 그래 여기지. 가서 열심히 놀고 오자.

온라인으로 구입한 입장권을 내밀고 들어가니, 그랜드 캐니언이라고 적힌 간판이 우리를 반긴다. 사실 미국의 그랜드 캐니언보단 가평의 빠지가 생각나는 모양새다. 허나, 우리가 누군가. 일명 물친놈. 물에 미친 놈들이라는 뜻이다. 빠지든 워터파크든 간에 물에서 놀 수만 있다면야 오케이! 진짜 그랜드 캐니언 같은 웅장함은 느낄 수 없어도, 잔뜩 모여있는 놀이기구가 우리를 설레게 만든다. 어차피 사진은 포기한지 오래고 잘 보일 사람도 없으니 망가지는 거 신경 쓰지 말고 신나게 놀아야지. 한국에선 화장이며 수영복이며 잔뜩 힘을 주고 다녔지만 그럴수록 예쁜 사진은 잘 건졌어도, '잘' 놀기는 어려웠으니깐.

빠지를 경험한 적 없는 우리는 생전 처음 본 놀이기구를 마음껏 탔다. 그러던 와중 우리의 눈에 들어온 다이빙대.

"와, 서영아 우리 저거 해보자."

"오 완전 좋아."

고소공포증이 뭐람? 나 김혜미 놀이기구 하나는 자신 있다고. 성큼성큼 우리는 다이빙 대 앞으로 갔다. 우리의 눈에 보이는 3M, 5M, 11M 다이빙대. 3미터는 어린이용 아니야? 어릴 때부터 나무에 오르고, 5단 서랍장에서도 성큼 뛰어내리던 사람이 바로 나야. 콧방귀를 뀌며 5미터로 향했다. 근데 응? 이게 5미터라고? 두 눈을 비벼서 다시 봐도 이건 5미터가 아니다. 분명 밑에서 볼 때는 낮아 보였는데 올라오니 이렇게 무서울 수가 없다. 게다가 그랜드 캐니언은 저수지에서 만들어져 바닥이 훤히 보이는 수영장과 다르게 그 깊이를 가늠할 수 없다. 다시 말해, 까맣게 보인다는 것. 깊이를 확인할 수 없다고 생각하니 아까까지만 해도 신나게 놀던 물이 블랙홀처럼 보인다. 주저하고 있는데 안전요원이 빨리 뛰라고 성화다. 아 잠시만요. 저 못 뛰겠다고요. 뒤를 돌아봤다. 내가 뛰기를 기다리고 있는 서영이가 보인다. 도저히 못 하겠다 싶어 서영이에게 슬쩍 물어본다.

"니가 먼저 뛸래…?"

멋없는 사람 선발대회가 열린다면 일등은 따놓은 당상이다. 이렇게까지 민망할 수가 없다. 큰소리쳐서 여기까지 올라와 놓고선 동생을 앞장세우는 꼴이라니.

"그래."

조금 고민하더니 서영이가 뛰어내렸다. 에…? 애는 무섭지도 않은가? 너무 가볍게 뛰어내리는데…? 허나 서영이가 뛰어내리는 걸 분명히 봤는데도 도저히 나는 발걸음이 떨어지지 않는다. 흠뻑 젖은 서영이가 외친다.

"언니 별로 안 무서워! 진짜!"

겁쟁이라는 게 태국까지 소문이 날 판이다. 괜찮다고 하나도 안 무섭다고 나를 다독여주는데, 근데 어쩌지 서영아? 나, 도저히 못 뛰겠어. 계속 주저하는 나를 보더니 서영이가 말을 꺼낸다.

"언니 그럼 3미터에서 뛸래?"

아까 어린이용이라고 거들떠도 안 봤는데, 어느새 나는 어린이가 되어 3미터 다이빙대로 향하고 있다. 근데 3미터도 높기는 매한가지다. 3미터를 어린이용이라고 무시하던 아까의 나를 쥐어박고 싶다. 안전요원은 여전히 3미터에서도 점프를 하지 못하는 나를 보고 재촉하다 지쳤는지, 달래주기 시작한다.

"봐봐! 저기 아기도 뛰잖아. 별로 안 무서워. 너 구명조끼도

입었는걸."

재는 겁이 없겠죠.. 선생님..저는 아니라고요.. 그렇게 30분이 흘렀을까. 결국 참다못한 서영이가 외친다.

"언니 쫄보가!"

끝내 들켜버리고만 나의 본모습. 나도 내가 이 정도일 줄은 몰랐다. 뛰어내리지 않으면 영영 쫄보로 기억될 것만 같은 이 순간. '그래 그럼 한 번 뛰어보자!'를 속으로 외치며 나는 두 눈 질끈 감고 뛰어내렸다.

드디어 해냈다! 감격에 차 위를 올려다보았을 땐 나를 향해 손뼉을 치고 있는 서영이와 안전요원이 있었다. 뛰고 나니 그제야 나를 위해 한참을 기다려준 서영이와 안전요원에게 미안함과 고마움이 올라왔다. 무서움과 부끄러움은 물속으로 사라져버린 지 오래였다.

물놀이의 최후, 영광의 상처

이후 물놀이를 끝내고 썽태우를 타고 집으로 돌아가는 길에 서영이에게 물었다. 다이빙대에서 한참 동안 못 뛰는 언니를 보니 어땠냐고.

"뭐 언니도 쫄보일 때가 있구나 싶더라. 근데 그래서 뭔가 더 가깝게 느껴졌다."

내가 보여주고 싶지 않아서 숨겼던 모습이 어쩌면 우리를 더 가깝게 만든 것이라는 생각이 든다. 완벽한 사람이 실수를 하면 인간적으로 보이는 것과 같은 이치일까.

여행을 함께 하면 서로의 본모습을 알게 된다는 것은 이번 여행에서도 진리로 통했다. 달라진 것이 하나 있다면 서로의 본모습은 멀어지게도 만들지만 때로는 가까워지게도 만든다는 것. 인생의 진리가 하나 더 생겼다.

물놀이 후 나와서 본 풍경

서영아 아직 잠 덜 깬거야?

일요일의 늦잠을
포기할 수 밖에 없는 이유

일요일 아침을 여는 러스틱 마켓

여행은 사람을 부지런하게 만드는 구석이 있다. 언제 다시 올 수 있을까라는 물음에서 비롯된 빼곡한 여행계획 탓에, 잠과 휴식은 뒷전이 된다. 볼거리도 많고 할 것도 많은 치앙마이에선 더더욱 그렇다. 하지만 아이러니하게도 치앙마이가 한 달 살기의 성지인 이유도 여기에 있다. 할 수 있는 건 너무 많은데 짧은 여행 일정으론 치앙마이를 둘러보기 역부족인 탓이다. 긴 시간을 가지고 널찍하게 돌아다니는 것이야말로 치앙마이를 제대로 즐길 수 있는 방법. 우리 역시 늦잠도 실컷 자고 시간에 쫓기지 않으려고 2주라는 시간을 내어 치앙마이에 왔건만, 여유로운 치앙마이에서도 일요일 아침에는 꼭 일찍 일어나야만 한다. 일요일 아침에만 열리는 시장이 있기 때문이다.

한국에서야 농수산물도매시장이 새벽에 열리는 경우가 많다지만, 도매시장도 아닌데 아침에만 열린다니. 치앙마이 사람들, 느긋하고 여유롭다고만 생각했는데 극강의 부지런함을 소유하고 있다는 생각이 든다. 이쯤 되면 도대체 무엇을 파는 시장인지 궁금해진다. 일요일 아침 7시부터 오후 1시까지만 열리는 러스틱 마켓은 치앙마이를 여행하는 사람들에게 필수로 꼽히는 곳 중 하나다. 일요일, 그것도 아침에만 열린다는 희소성 덕도 있지만 각종 수공예품과 품질 좋은 옷, 식기 등, 살 거리와 구경거리가 많다는 이유도 있다. 다른 시장에 비해서 가격대는 꽤 있는 편이지만 그래도 한국보다 싼 게 어디랴. 기념품은 사치라며 지갑을 굳게 닫아왔던 우리도 러스틱 마켓에선 지갑이 자동문이 되어 절로 열린다.

"조금 있다 만나자."

"오키. 다 보고 나면 연락 고고."

마켓을 본격적으로 구경하기 위해 우리는 얼른 헤어진다. 같이 구경하는 게 아니라 헤어진다니, 이게 무슨 상황이냐고? 원활한 쇼핑을 위한 우리만의 규칙이다. 취향도 다르고 체형도 다르니, 옆에서 봐주는 게 서로에게 도움이 되지 않는다는 이유에서다. 게다가 누군가 옆에서 내 옷 사는 걸 기다린다고 하면 괜히 미안하고 얼른 골라야만 할 것 같은 부담도 생기기 마련. 이런 이유로 우리만의 쇼핑 원칙이 탄생했다. 일단 '각자'

옷을 본다. 그다음 마음에 드는 몇 가지 옷을 장바구니에 담듯, 사진을 찍는다. 마지막으로 찍은 사진을 서로에게 보여주며 괜찮냐고 묻는다. 사실 이건 그다지 중요한 원칙은 아니다. 서영이가 안 괜찮다고 해도 나는 군말 없이 사기 때문이다. 취향이 다르니 서로의 시간을 뺏지 않기 위한 합리적인 전략일 뿐. 이번에도 역시 서영이가 반대한 옷들을 양손 가득 봉투에 담는다. 서영이는 그럴 줄 알았다는 듯, 고개를 절레절레 젓는다.

"언니 옷 고르는 동안, 나 저쪽 구경 갔는데 뭔가 특이하다. 가볼래?"

내가 옷 구경에 푹 빠져있는 동안 서영이는 뭘 구경했을까. 따라가보니 그곳엔 의자에 앉아서 가운만 두르고 이발을 하고 있는 외국인 아저씨 한 명과 이발사가 보인다. 그렇다. 간이 미용실이다. 샴푸도 없다. 큰 거울은 당연히 없다. 그럼에도 아저씨의 머리는 한국의 바버샵에서 볼 수 있는 멋진 머리로 거듭나고 있다. 장인은 도구를, 아니 장소를 가리지 않는 것인가. 한국에선 좀처럼 볼 수 없는 신기한 광경에 우리는 대화를 보탠다.

"야. 니도 저기서 머리 잘라라, 예쁠 듯."

"싫다. 언니가 해라."

"야. 나는 여행 온다고 한국에서부터 머리 파마해서 왔는데 아까워서 안 된다."

"물에 젖은 푸들 같은데…"

자세히 보니 물에 젖은 풀들이 아니라 삼각김밥이었네 언니.

"혹시 삭발하고 싶니?"

"언니 저기도 재밌는 거 있다. 가보자."

나의 살벌한 협박을 듣더니, 서영이는 말 대신 곧 주먹을 주고받을 것 같다는 생각이 들었는지 서둘러 자리를 옮긴다. 움직이지 않는 자전거를 타고 있는 아저씨가 보인다. 자세히 살펴본 자전거에는 페달을 굴리는 아저씨 뒤로 과일이 막 갈리고 있는 믹서기가 있다. 자전거 동력을 이용해서 믹서기에 전기를 공급하고 있는 것이다. 러스틱 시장에 볼 게 많다고 들었지만 이런 친환경적인 음료 제조의 현장까지 마주할 줄이야.

"저렇게 음료수 만들어 먹으면 살 안 찌겠다. 그체, 언니."

"에너지 절약과 다이어트를 한 번에 할 수 있네. 일석이조 미쳤다."

"그럼 저건 다이어트 음료니깐 마시자."

"니가 만들어서 먹는 게 아닌데?"

"원래 돼지는 뻔뻔하다."

"그래서 니가…!"

남들이 듣기엔 별 볼일 없는 대화가 오간다. 그러나 볼 게 많은 시장을 재밌게 만드는 건 시선 이런 별거 아닌 대화가 아닐까. 물에 젖은 푸들과 뻔뻔한 돼지의 수다. 이상한 농담도 서로가 통한다면 세상에서 제일 재밌는 콩트가 되니깐. 어쩌면 시간을 아끼겠다고 만든 우리의 원칙 따위는 필요 없었는지도 모른다. 쇼핑은 혼자가 제맛일지라도, 시장 구석구석을 구경할 땐, 서로 한 마디씩 주고받는 게 재미니깐. 다시 못 올지도 모른다는 생각에 갇혀 여행의 재미를 잊지 말길. 기억하자. 서로의 농담이 더해진 시장 구경이야말로 일요일 늦잠을 포기하기에 충분하다.

⑫

동생이 아메리카노를
왜 마시냐고 묻는다

커피의 도시, 치앙마이

"도대체 이걸 왜 마시는 거야?"

잔뜩 찡그린 얼굴의 서영이가 내게 묻는다.

내 앞에 놓인 짙은 갈색의 얼음 물을 보고 하는 소리다.

맛있으니까라고 대충 얼버무렸지만, 사실 이 맛을 몸소 느끼려면 시간이 걸린다. 첫 입은 씁쓸한데 산미가 느껴지기도 하고, 끝은 고소하기까지 하니. 한번 먹어본다고 해선 이 맛을 이해할 수 없는 이유기도 하다. 하지만 계속 먹기 시작한다면 중독되어버릴 수밖에 없다. 맛도 맛이지만 이 물에 들어있는 다량의 카페인 때문. 자고로 카페인이란 눈이 안 떠지는 아침에 잠이 확 달아나게 만드는 마성의 각성물질 아니던가.

이 정도 설명이라면 다들 짐작할 거다. 우리는 바쁜 현대사회를 살아가는 사람들이니깐. 바로 현대인의 필수 음료인 아메리카노. 그중에서도 나는 얼음이 가득 들어간 아이스 아메리카노를 한겨울에도 쥐고 살아가는 소위 얼죽아(얼어 죽어도 아이스 아메리카노)다.

물론 나도 서영이처럼 아메리카노를 한 입 마시고 오만상이 되던 적도 있었다. 수능 이후 난생처음 알바를 시작했던 카페에서 꼭 그런 얼굴 모양이었지 아마 사장님의 눈치를 볼 수밖에 없는 나는 영락없는 알바생이었고, 그런 내가 고를 수 있는 것은 당연하게도 카페에서 제일 싼 아메리카노였다. 허나 막 스무 살이 된 내가 먹기엔 터무니없이 썼고, 시럽을 잔뜩 넣어 쓴맛을 최대한 지운 채 마실 수밖에 없었다. 술도 마시면 주량이 느는 것처럼 커피도 마시면 느는 걸까. 카페에서 일한 날들이 반년을 넘길 무렵, 인위적으로 섞인 시럽이 거슬리게 느껴졌고, 한 해를 넘길 때쯤엔, 시럽의 흔적을 찾아볼 수 없는 아메리카노만 내 곁에 남게 되었다. 잠을 깨우기엔 역시 달달한 것이 아닌 쓰디쓴 아메리카노가 필요하다는 걸 깨달았기 때문일까. 그때부터 나는 아메리카노와 일상을 함께했다. 끔찍한 대학교 1교시 수업을 갈 때도, 친구와 분위기 좋은 카페를 갈 때도. 밥을 먹고 나서도 내 손에는 언제나 아메리카노가 들려있었다.

그리고 나는 커피가 일상인 도시, 치앙마이에 있다. 명성에 걸맞게 길에는 coffee가 쓰여진 카페가 넘쳐난다. 한 블럭마다 있는 건 기본이요, 자그마한 노점에서도 당연하게 커피를 제조 중이다. 마트에서 커피 코너는 큰 자리를 차지하고 핸드드립 커피를 시음하는 곳도 더러 보인다. 이런 곳에서 어떻게 커피를 안 먹을쏘냐. 나의 일상이 이 도시의 일상에 자연스레 스며들어 버렸다. 딱 하나만 빼면 말이다. 내 옆의 고등학생 김서영. 아메리카노를 주문하는 내게 서영이가 뱉은 망언은 다음과 같다.

- 쓴 걸 왜 돈 주고 사 먹어?
- 입가심할 거면 양치를 하면 되지.
- 나는 평생 안 먹을 듯.

얼핏 들으면 맞는 말 같은데, 한 대 맞기 좋은 말이다. 이 완고하고도 재수 없는 생각을 어떻게 바꿀 수 있을까? 지금 내 아메리카노를 맛보고도 왜 마시냐고 묻는 동생에겐 내가 권유하는 것보단 전문가의 도움이 필요하다. 음, 커피 수업에 참여해서 직접 커피를 내려보고 맛본다면 생각이 조금 달라지지 않을까? 순간 번뜩인 생각은 커피 클래스 신청으로 이어졌다. 다행히도 서영이가 흔쾌히 알겠다고 한 덕분에 수월하게 예약 완료! 역시 생각했을 때 바로 해야 한다고.

그렇게 가게 된 커피 클래스. 근데 가게나, 사무실 같은 공간이 아닌 가정집에서 한단다. 살짝 미심쩍은 마음이 든다. 전문가 맞겠지? 거기다, 수강생도 나와 서영이 포함 세 명뿐이다. 이거 인원도 너무 적은데…? 제대로 수업이 진행되려나. 시작하기 전부터 불안한 마음이 앞선다. 나는 오늘 서영이에게 아메리카노의 매력을 확 느끼게 만들어주고 싶은데, 되려 더 멀어질 것만 같다.

걱정이 무색하게, 식탁 위엔 수업의 준비물로 보이는 것들이 빼곡히 채우고 있다. 각종 원두에서부터 핸드드립 기계, 커피잔과 디저트까지. 비록 세 명뿐이지만 착실히 클래스를 준비했다는 것이 꽉 찬 식탁에서 여실히 드러난다. 이에 선생님의 정성까지 더해진다. 다양한 원두를 보여주고. 냄새를 맡게 하고, 핸드드립의 방식으로 커피 내리는 법을 알려준다. 알려주는 것에서 그치지 않고, 원두를 만지고, 한 알을 씹어보게 하고, 직접 커피도 내리게 해준다. 능숙한 선생님의 손놀림과 서툰 우리의 손끝이 연이어 움직이니, 금세 다섯 종류의 아메리카노가 탄생한다. 선생님. 잠깐이지만 의심해서 죄송해요.

생애 첫 커피를 따르는 서영

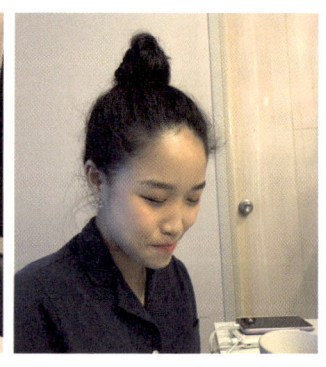

언니 이게 맛있다고 진짜?

다양한 종류의 원두

　자그마한 거실을 가득 채우는 고소한 내음. 이제 준비되어 있는 케이크와 커피를 먹기만 한다면 내 계획은 성공 아니겠는가. 케이크의 단맛과 쌉쌀한 아메리카노의 조합은 환상적이니깐. 게다가 내가 만들었다고 생각하니 맛은 배가 되는 느낌이다. 고개를 끄덕거리며 바리스타 심사위원이 된 것처럼, 음미하며 커피를 마시고 있는데

　"언니 머리가 어지러워. 못 마시겠어."

　찡그리는 표정을 보니, 처음 아메리카노를 마시던 내가 생각난다. 하긴 그래, 나도 네 번씩 넣던 시럽을 안 넣기까지 반년 넘게 걸렸는데, 고작 치앙마이에 며칠 있는다고 서영이가 커피의 맛을 알게 될 리 만무하다. 전문가까지 대동했건만 이번 내

작전은 실패다. 그래 치앙마이에서 향긋한 커피는 나만 즐길 게. 근데 너 대학교 가는 순간부터 커피 없이 못 살게 될 거야. 그때 다시 치앙마이에 오자 할걸?

(실제로 서영이는 대학교 입학 후 첫 중간고사를 준비하면서부터 아메리카노에 입문하게 되었습니다. 그리고 시험 기간마다 아메리카노를 달고 삽니다. 제가 먹던 이유처럼 잠을 깨기 위해서 먹고 있지만, 게다가 그때의 저처럼 시럽이 들어가긴 했지만 차차 커피의 맛을 알게 되지 않을까요? 알게 된다면 다시 오자 치앙마이!)

케이크가 있어서 다행이었지

같은 음식, 다른 표현

치앙마이 맛집: 카오소이 매사이

"언니 언제까지 기다려?"

"조금만 더 기다려보자. 곧 우리 차례일 것 같다!!"

"너무 덥다."

"맞제. 좀 있다 들어가서 시원한 콜라도 시키자."

아까부터 서영이 눈치를 보는 중이다. 내가 동생 눈치를 보는 건 상상도 할 수 없는 일인데, 지금 그 '상상도 할 수 없는 일'이 일어나고 있다.

상황은 이렇다. 치앙마이에서 유명한 맛집. 카오소이 매사이. 4월에 혼자 왔을 때 먹어보고 반해서 이번에 서영이에게 맛을 보여줘야지 생각했던 곳이다. 지도 안 봐도 길이 훤히 보인다며 자신 있게 찾아왔는데, 아찔한 광경이 펼쳐졌다. 멀리서

부터 보이는 긴 줄. 가게를 향하여 한 걸음씩 발을 내딛을수록 저 긴 줄이 우리와 같은 목적을 지닌 사람들임이 확실해진다. 이건 계산에 없던 일이다. 분명 내가 왔을 땐 사람이 많지 않았는데.. 이러지 마세요.. 제발. 맛집을 데려가 주겠다며 서영이한테 군것질도 못 하게 하고 왔는데! 지금 상황으로 봐선 30분은 기다려야 할 판이다.

물론 맛집이니 어느 정도의 기다림은 예상했지만, 계산에서 빠트린 것이 있었다. 1월이 여행 성수기라는 것. 성수기와 비수기의 차이는 어마어마했다. 하긴 숙소 가격도 성수기 비수기가 나뉘는데, 맛집이라고 다를 리가. 허나 어쩌겠나. 지금은 계산이 틀렸다고 좌절할 때가 아니라, 오답노트를 적어야 할 때다. 일단 다른 가게를 찾아 나서는 것은 완전히 틀린 오답노트다. 서영이에게 하도 칭찬을 해둔 터라, 맛을 보여주어야 하는 이유에서다. 나는 서영이에게 인생샷을 찍어주는 것으로 오답노트를 적었다. 기다리는 것 자체에만 집중하면 안 그래도 더워서 짜증 나는데, 그 짜증이 배가 될 것이 뻔하다. 그렇다면 당연히 시선을 다른 곳으로 돌려야지.

"사진 찍어줄까. 맛집인데 그래도 앞에서 사진 한 장 남겨야 하지 않겠나."

"알았음."

작대기가 그어진 문제가 세모로 고쳐지는 순간이다. 오답노트가 통했음에 안도하며, 서영이에게 카메라를 들이댄다.

"오 그렇지. 포즈 좋음. 모델 해도 될 듯."

"야.예쁘다, 니."

평소엔 칭찬에 인색하기 짝이 없던 언니가 칭찬 따발총을 쏘아대니 서영이의 입가에 미소가 번진다. 사진을 확인하고 다른 자세를 취하기까지 한다. 20분이 지났을까. 모델과 사진기사로 변신해서 열심히 촬영에 임하고 있으니 가게 안에서 우리를 부르는 소리가 들린다. 하느님 감사합니다.

기나긴 줄을 기다리고 있는 서영

애타게 기다리던 카오소이를 맛볼 수 있는 순간이다. 카오소이 카이는 코코넛밀크와 카레가 국물로 되어있는 닭다리가 들어가 있는 면 요리로, 이게 그렇게 맛있어?라고 물어본다면 당연히 YES다. 제발 먹어주세요. 편식쟁이인 제가 추천드립니다. #편식쟁이 #초딩입맛. 모두 나를 가리키는 수식어로. 이 나이 먹고 편식을 한다는 것이 욕 들어먹기 딱 좋지만 어찌겠는가. 야채와 낯선 음식은 도저히 먹으래야 먹을 수가 없다. 몇 입 먹기만 해도 헛구역질을 해대는 탓이다. 그런 내가 자신 있게 추천하는 음식이 카오소이 카이다. 기본 재료부터 고기와 카레. 솔직히 고기를 싫어하는 편식쟁이는 없지 않나요? 고기에 더해 카레까지 좋아한다면 아마도 치앙마이에서 먹을 수 있는 최고의 현지 음식이지 않을까 싶다. 게다가 바삭하게 튀긴 면까지. 익숙한 재료들로 만들어낸 새로운 맛이다.

'일단 잡숴봐'를 외치며 얼른 서영이가 한술 뜨도록 만든다.

"오, 맛있음."

고개를 끄덕이는 내 동생. 그럼 그렇지, 맛이 없을 수가 없지. 편식쟁이가 보증한 맛인데 아무렴. 뒤에 어떤 말을 더 할까 싶어서 반짝거리는 눈으로 서영이의 입을 바라보는데, 서영이의 입은 먹기만 할 뿐 더 이상 말이 없다. 뭐지? 밥을 먹고 있는데도 이 허기진 기분은?

"아니, 자세히 말해봐. 어떤데? 니 취향이야?"

"엉 맛있다. 먹을만한데?"

먹을만한데…? 먹을만한데에에에…? 아니 맛있어서 극찬이 나와야 하는데 '먹을 만한데'가 말이야 방귀야? 설마 맛이 없는 건가? 서영이의 무미건조한 표현이 불안한 마음을 불러일으킨다. 그냥 예의상 하는 말인가, 맛이 없나 싶어 서영이에게 계속 되묻는다. 그러니 서영이가 나를 쳐다보며 딱 한 마디를 내뱉는다.

"맛있다고."

더 이상 물어보지 말라는 무언의 압박. '그럼 니가 처음부터 맛있다고 확실히 티를 내면 되잖아'라는 말이 목구멍까지 나왔지만 이내 삼킨다. 생각지도 못하게 땡볕에서 30분 이상을 기다려서 먹는 건데, 이제 와서 간신히 좋아진 분위기를 망칠 순 없다. 말없이 닭다리만 뜯는다.

그렇게 먹기를 10분째, 꼬치꼬치 캐묻던 내가 조용하니 이상하다고 느꼈나 보다.

"언니, 진짜 맛있다."

"나는 근데 니가 엄청 맛있다고 해주면 좋겠다. 괜히 맛없는데 먹는 걸까 봐 눈치 보임."

"내 표현이 원래 미지근하다이가. 근데 진짜 맛있음. 섭섭해하시 마."

하긴 생각해 보면 그렇다. 서영이와 나는 여러 가지가 다르지만, 표현도 정반대에 가깝다. 나란 사람은 무언가 좋다고 느끼면 세상에 있는 난리란 난리를 다 떠는 호들갑쟁이다. 그래

환상적인 맛의 카오소이 카이

서 종종 사람들에게 '왜 저렇게 난리야'라는 소리도 듣기도 하는 반면, 서영이는 모든 표현이 적당하다. 선비 같다고 해야 하나. 좋은데? 괜찮은데? 재밌어. 딱 그 정도의 표현만 보인다.

그저 성향이 다른 것뿐인데. 나 딴에는 서영이가 나처럼 표현을 안 하니, 괜히 음식이 맛이 없는데 억지로 먹는 것일까 봐 불안한 마음이 들었던 것이다. 자신 있게 데리고 온 맛집인데, 생각지도 못하게 줄을 오래 기다린 것부터 해서, 내심 신경이 쓰였던 탓.

함께하는 여행이란 이렇다. 혼자선 신경 쓰지 않아도 될 것을 신경 써야 한다. 상대방의 기분, 컨디션, 입맛, 취향까지. 내가 데리고 오고 싶어서 데리고 온 거지만, 가끔은 서영이가 정말 좋은지 맛있는지 재밌는지 계속 체크해야 하는 것이 힘들 때도 있다. 그런 나에게 정말 맛있다고 격한 리액션만 해주면 될 일인데. 서영이가 그걸 안 해주니 알게 모르게 섭섭했던 것.

비슷한데 다르다. 다른데 비슷하다. 서영이와 여행하면서 가장 많이 느끼는 생각 중 하나일 것이다. 치앙마이에서의 모든 우리의 걸음은, 매번 그걸 느끼게 만든다. 닮은 구석을 발견하고 가까워지고, 다름을 확인하고 멈칫했다. 이내 다시 다가선다. 혹 일상에서 이런 생각을 느꼈다면 '그래 그럼 그렇지. 니랑 내가 통할 일이 있나'라며 바로 발걸음을 돌렸겠지. 그런데 여행이란 이 행위가. 치앙마이라는 이 공간이 내가 서영이에게 향하게 한다. 나의 마음을 조금씩 얘기하게 만든다.

같은 사람이 될 순 없어도, 같은 곳을 향할 수는 있으니깐. 그렇게 다름을 인정하기로.

카오소이 카이 국물을 싸악 비워내며 고개를 끄덕인다.

동상이몽, 패러글라이딩의 기억

치앙마이 액티비티: 일출 패러글라이딩

해도 뜨지 않은 새벽, 거리엔 돌아다니는 사람은커녕 그 많던 고양이도 한 마리 없다. 오직 가로등의 불빛만이 어렴풋이 거리를 비춘다. 우리는 이 희미한 어둠 속에 서 있다. 아니 정정하자면, 나는 서있고, 서영이는 주저앉아있다.

"아, 한다고 하지 말걸… 차는 언제 와."

불만 섞인 말을 하는 서영이의 얼굴은 제법 볼 만하다. 앞이 보이는지 헷갈릴 정도로 감긴 눈. 코보다 더 튀어나온 입. 영락없이 "나 지금 잠 오고 모든 게 마음에 안 들어요" 하는 얼굴의 모양새. 좀처럼 불평을 내뱉지 않던 사람이 짜증을 낸다면 그건 바로 상대방에게 원인이 있을 확률이 높다. 맞다. 내가 원인 제공자다. 일출 패러글라이딩을 시켜주겠다며 잠 많은 서영이를 데리고 나온 탓. 사실 이렇게 일찍 나올 필요는 없었지만 패러글라이딩 업체의 픽업 순서상 우리 숙소가 제일 먼저였고, 그 탓에 어둑한 새벽에 차를 기다리고 있는 것이다.

"야 혹시 아나. 가면 현빈 같은 남자가 있을지."

갑자기 무슨 뜬금없는 소리냐 싶겠지만, 사랑의 불시착을 본 사람이라면 왜 이 말을 하는지 이해할 것이다. 여행을 앞두고 있을 때 한창 유행하던 드라마 사랑의 불시착. 패션 브랜드 회사를 운영하는 여자 주인공이 옷의 성능을 시험하기 위해서 패러글라이딩을 했다가 돌풍으로 인해 북한에 불시착하게 되고 그로 인해 만나게 된 남자 주인공과 사랑에 빠진다는 내용이다. 사실 패러글라이딩으로 인해 북한에 착륙하게 된다는 것은 있던 로망도 없어지게 만들 만큼 무서운 일이지만, 남자 주인공이 현빈이었다는 것이 중요했다. 조각 같은 얼굴, 훤칠한 키. 중저음의 목소리까지. 어젯밤에도 자기 전에 누워서 사랑의 불시착을 되돌려본 우리다. 서영이의 짜증을 달래기에 이만치 좋은 말은 지금 없을 것이다. 물론 서영이도 나도, 그게 실없는 소리란 걸 알지만.

근데 현빈이라는 말로 서영이를 달래기엔 지금 우리에게 일어나고 있는 상황이 미치고 팔짝 뛸 노릇이다. 분명 제일 먼저 봉고차에 올라타고 일출 패러글라이딩으로 신청했는데 우르르 몰려온 중국인 단체가 먼저 탑승할 준비를 하고 있는 게 아닌가. 저 사람들 다 타고 하면 우리는 일출 패러글라이딩을 할 수 없을 것이 분명하다. 아무리 여행이 계획대로 안된다지만, 이건 너무 불합리하다. 숙소 멀다고 제일 일찍 일어난 것도 억울해 죽겠는데. 더욱 억울한 건 이 상황을 제대로 따질 수조차 없다는 것이다.

"We first!!!"

문장이라기도 애매한 단어들의 조합을 다급하게 외친다. 급할수록 침착하라 했건만 이건 침착할 수 없는 상황이다. 패러글라이딩을 하며 일출을 볼 수 있냐 없냐의 문제는 시간에 달려있지 않은가. 급박하게 직원을 붙잡아 항의를 했지만 침착하지 못해서 그랬을까. 아니면 영어가 서툴러서 그랬을까. 무심한 얼굴의 남자직원이 중국인들의 수가 많으니 일단 기다리라고만 한다. 중국인들의 숫자가 많아서 장비부터 채워주는 건가 하는 희망도 잠시, 그대로 중국인 한 명을 태운 모터패러글라이딩기가 출발한다. 진짜 이러기야?

"언니야, 우리는 스피킹이 안 된다."

서영이가 제일 화낼 줄 알았더니, 씩씩대는 내게 되려 차분하게 냉정한 현실을 짚어준다. 아니 아침에 일찍 일어났다고 뽀루퉁 했으면서 지금 왜 이렇게 차분한 건데? 이제 보니 서영이의 얼굴은 졸린 눈이 아니라 도를 닦은 사람처럼 인자한 눈이다. 아, 포기했구나. 인자해진 서영이의 얼굴을 보니 나 역시 화가 나던 마음이 싹 가라앉는다. 하긴 지금 화낸다고 달라질 상황이 아니다. 서영이 말대로 우리는 스피킹도 안 되고 머릿

수 싸움에서도 지니깐.

"맞네… 인원수도 우리가 딸린다."

"맞다. 그냥 기다리면 우리 부르겠지. 일출은 여기서도 보이니깐.."

득도한 사람의 말이 끝나기 무섭게 우리를 부르는 소리가 들린다.

"next time. Seo young!!!"

"리스닝이라도 돼서 다행이다. 니 부르네."

"그러니깐. 안녕 언니. 우리가 다시 만날 수 있을지 모르겠다."

"그래, 하늘 위에서 현빈 찾아봐."

여행에서 기분 나쁜 상황을 마주하면 누군가는 불합리하다고 따질 수도 있다. 돈 내고 온 여행이니, 내 권리를 찾는 건 당연한 일이니깐. 그러나 내 힘으로 도저히 바꿀 수 없는 상황이라면 화내고 따지는 것만이 답은 아닐 것이다. 좋아하는 누군가와 함께한다면 실없는 소리를 주고받으며 어쩔 수 없다는 듯 웃어 보는 건 어떨까. 지금 현빈을 찾아 떠나는 서영이처럼.

이후 패러글라이딩 사진을 보다 그때가 떠올라 서영이에게 어땠었냐고 물었더랬다.

"사실 나는 패러글라이딩 타고 오니깐 잠 깨서 좋더라."

"순서 밀려서 늦게 탔던 그 억울한 기억은 안 나는 거니?"

"그리고 기억나제 언니. 우리 패러글라이딩 끝내고 숙소 가서 늦잠 엄청 잤다이가."

결국 서영이에게 패러글라이딩은 중국인도, 현빈도 아닌 잠이었다. 잠에서 시작되고 잠에서 끝난 그녀의 패러글라이딩 탑승기. 그때 그 인자한 얼굴이 기분 나쁜 상황을 받아들여서 그런 게 아니라 잠이 와서 그랬던 거야? 같은 여행을 하고도 서로 다른 부분을 기억하는 것이 퍽 재미나고 우습다. 이렇게 우리의 여행은 다양하고 깊어진다.

드디어 떠난다 언니! 현빈 찾아서 돌아올게!

입 짧은 언니와 뭐든지 잘 먹는 동생

치앙마이 맛집: 꼬프악꼬담

어쩔 수 없이, 자매든 형제든 간에 한 배에서 나온 자식들은 비교의 대상이 된다. 비슷한 환경과 유전자를 물려받았음에도 서로가 갖지 못한 것들 때문에 말이다. 그러한 비교는 사소한 것에서부터 때로는 거대한 것에 이르기도 하는데, 어릴 적 서영이와 내가 가장 비교되던 것은 음식이었다. 식습관 말이다. 할머니들 손에서 자란 우리는, 친할머니에게도, 외할머니에게도, 고모할머니에게도 지겹게 들어오던 소리가 있었다.

"야채 좀 먹어라, 이렇게 삐쩍 말라갖곤 우짤래, 니 동생은 저렇게 잘 먹는데."

그랬다. 나는 유독 편식이 심했다. 가리는 음식은 많고, 먹는 양은 적은 데다 살까지 안 찌는 체질이니 할머니들의 레이

더망에 자주 포착될 수밖에. 밥상 앞에만 앉으면 밥 한 숟갈, 잔소리 한 숟갈 번갈아 먹었다. 반면 서영이는 음식을 가리는 법이 없었다. 할머니가 먹으라고 권유하는 반찬을 잘도 받아먹었다. 고개를 세차게 휘젓던 나와는 다르게 말이다.

고개를 세차게 휘젓던 아이는 성인이 된 지금도 변함이 없다. 여전히 야채를 먹지 않고 새로운 음식 먹기를 꺼려 한다. 새로운 음식에 굳이 도전을 하지 않아도 세상에는 내가 먹을 수 있는 맛있는 음식이 많다는 지론을 펼치면서. 그 말을 증명이라도 하듯 어딜 가나 패스트푸드와 고깃집은 있었다. 치앙마이도 마찬가지였다. 서양인 관광객이 많은 탓일까. 태국 고유의 음식들을 파는 곳도 많지만 파스타나 햄버거를 파는 곳이 많았고, 한국인도 많이 오는 덕에 한식집도 꽤 있어서 여행을 하는 데 큰 불편함은 없었다. 더군다나 서영이는 가리는 것도 없으니. 고기 위주로 먹기만 하면 2주라는 긴 여행은 문제 될 것이 없었다. 닭고기를 구워파는 맛집을 가고, 윤기가 줄줄 흐르는 비비큐 폭립을 먹고, 패티가 두툼한 햄버거 집에 갔다. 그야말로 고기를 찾아다니는 하이에나 두 마리.

- 야 왜 거기까지 가서 고기만 먹어? 거기서만 먹을 수 있는 음식을 먹어야지.

고기 탐험대에게 찬물을 끼얹은 건 한국에서 온 친구의 연락이었다.

다른 나라에 가면 그 나라 고유의 음식을, 그 나라의 감성으로 먹어보는 것. 여행에서 누릴 수 있는 행복. 그 행복을 누리지 못하고 있는 건 사실이었다. 그 나라에 가면 그거 꼭 먹어봐야 한다던데. 라는 말에서 나는 '그거'를 먹지 못하는 경우가 많았으니깐. 여행 다녀온 나라를 맛으로 기억하지 못한다는 것은 분명 슬픈 일이었다.

그래서 눈과 입을 사로잡는 맛이 있다던, 치앙마이 맛집 '꼬프악꼬담'을 가기로 했다. 꼬프악꼬담은 4색의 커스터드 크림과 토스트 세트가 유명한 곳이다. 블로그를 찾아보니, 분홍색, 주황색, 하늘색, 연두색으로 된 4가지 색의 커스터드 크림이 아니나 다를까, 나를 사로잡았다. 이 정도면, 거기까지 가서 왜 이걸 먹냐는 소리는 듣지 않을 것 같았다. 블로그를 찾아본 순간부터, 커스터드 크림이 너무 예뻐서 기대가 잔뜩 되던 곳. 게다가 국수 맛집이라던데, 고기 다음으로 면을 좋아하는 나로서는 환상의 장소였다.

태양이 살갗을 무섭게 공격하기 좋은 한낮이었지만, 토스트 세트와 국수에 대한 기대는 그런 햇빛의 공격마저 무색하게 만들었다.

"서영아 우리 토스트 세트 하나 시키고 끈적국수 두 개 시키자. 원래 면은 잘 들어가는 거 알제. 하나하나씩 시키면 적을 것 같다"

"음… 나는 국수는 안 먹을래. 내 스타일 아니다."

"진짜? 돼지가 어쩐 일인데."

꼬프악꼬담의 토스트와 끈적국수

"언니. 나 사실은 쌀국수 안 좋아한다."

잠시 놀라 말을 멈출 수밖에 없었다. 그렇게 잘 먹는 애가 쌀국수를 안 좋아한다니. 아니, 안 좋아하는 음식이 있다니. 나보다 잘 먹는 모습만 본 탓에, 안 좋아하는 음식이 있을 거라곤 생각도 못 한 것이다. 서영이가 뚱뚱한 것은 아니었지만 잘 먹는다고 칭찬받는 서영이에게 심통이 나서 돼지라고 줄곧 불렀는데 돼지가 안 먹는 음식이 있다니.

입 짧은 사람의 대표주자로서 누군가 음식을 먹으라고 거듭 요구하거나, 안 먹는다고 핀잔을 주는 상황을 싫어한다. 눈치를 보고 억지로 먹는 것도 싫었기에 더 이상 서영이에게 권하지 않고 토스트 세트 하나에 끈적 국수 하나만을 주문했다.

기다림 끝에 나온 토스트 세트는 SNS에서 보던 모습 그대로였다. 특별할 것 없는 토스트에 부드럽고 달콤한 크림이 제 몫을 톡톡히 했다. 살짝 느끼할 즈음에 나온 끈적국수. 국물을 한 입 먹는 순간 느껴버렸다. 아 여기는 국수 맛집이구나. 화려한 색감의 토스트에 가려져 있던 끈적국수의 맛은 가히 환상적. 느끼해진 속을 달래주는 매콤한 국물. 과하게 맵지고 않고 얼큰하지만 맑은 그 국물의 맛이 숟가락질을 멈추지 못하게 만들었다. 세트메뉴로 만들어 둔 데는 이유가 있었군요, 사장님. 입이 짧은 언니가 정신없게 먹는다. 고기 말고 언니가 저렇게 음식을 먹는 것을 본 적 없던 서영이가 묻는다.

"맛있나?"

"완전. 국물 제대로임. 와 이런 곳을 왜 이제 왔을까."

"한 입만 먹어봐도 되나?"

"왜, 쌀국수 니 스타일 아니라메."

"아니. 언니가 그렇게 맛있게 먹으니깐 궁금하다. 한입만."

궁금해하는 서영이의 모습에, 자연스레 숟가락을 넘겼고 서영이가 한입 먹더니 놀란 눈으로 입을 가리고 나를 쳐다본다.

"와 언니… 이거 진짜 맛있다. 케 맛있어."

서영이의 감탄 어린 말을 듣고 우리는 서로를 쳐다보다 낄낄거렸다. 그럼 그렇지. 역시 우리 집 돼지다. 솔직히 입이 짧은 내가 어느 정도 먹을 수 있는 음식이면 서영이의 입맛에 맞지 않을 리 없다.

"역시 돼지는 돼지다. 하나 더 시켜줄까?"

"어. 나도 인정 안 하고 싶은데 돼지 맞는 것 같다. 여기 와서 살 더 찔 것 같다."

"쌀국수를 안 좋아하는 게 아니고 맛없는 쌀국수를 안 좋아하는 듯."

"어. 그게 맞다."

우리는 또 키득거리며 웃었다. 뒤이어 나온 끈적국수를 서영이가 열심히 먹는다.

나는 서영이가 뭐든지 잘 먹어서 좋다. 어릴 때는 그런 모습에 칭찬을 받는 모습이 질투가 났고, 그런 서영이를 돼지라고도 놀렸고 지금도 놀리지만. 어쨌든 서영이가 잘 먹어서 좋다. 입이 짧은 언니랑 다녀서 음식이 아쉬울 법도 한데, 뭐든지 잘 먹어줘서 좋다. 내가 갖지 못한 모습을 가진 서영이가 좋다.

형제자매란 비슷한 환경과 유전자를 물려받았음에도 서로 갖지 못한 어떤 점들 때문에 비교의 대상이 되기 쉽다. 하지만 다르게 생각하기로 했다. 내가 갖지 못한 걸 서영이가 가져서 좋고, 서영이가 가지지 못한 걸 내가 가져서 좋다고. 서로에게 더 좋은 영향이 될 수 있지 않을까.

일단은 음식부터 시작해 보자. 입이 짧은 나 때문에 함께 음식을 먹을 때에는 음식의 폭이 좁아지겠지만, 입이 짧기 때문에 서영이는 맛있는 음식만을 먹을 수 있을 것이다. 맛없는 쌀국수 말고 맛있는 쌀국수로, 이를테면 꼬프악꼬담의 끈적 국수처럼. 나 또한 뭐든지 잘 먹어주는 동생 덕분에, 눈치 보면서 못 먹는 음식을 먹지 않아도 될 것이다. 나로 인해 다양한 음식을 먹지 못하는 것에 대해 미안해하지 않아도 된다. 서로 없는 부분을 나누기 시작하다 보면 금세 채워지지 않을까. 줄 수 있고 받을 수 있는 동생이란 존재가, 아니 그런 존재가 서영이라서 좋다.

입이 짧은 언니와 뭐든지 잘 먹는 동생은 어쩌면 환상의 궁합이지 않을까. 4색의 커스터드 크림 토스트와 끈적 국수처럼.

혜미: 야 닌 도대체 뭘 찍은거야?
서영: 잘 찍었잖아 언니 폰

사진실력에 미치다

여행을 잘한다는 것은

 여행에서 사진이 중요하지 않은 사람이면 좋겠건만, 나는 싸이월드-페이스북-인스타그램을 거쳐온 세대답게, 여행에서 사진이 8할을 차지한다고 믿는 사람이다. 예쁘게 찍힌 사진을 보면, 찍는다고 흘렸던 땀도 짜증 나던 기분도 사라진다. 그것뿐인가? 사진을 인스타에 올렸을 때 댓글과 좋아요로 열렬히 호응해 주는 친구들의 반응도 빼놓을 수 없다.

 그러나 혼자 여행을 다닐 때는 사진에 대한 욕심을 자연스레 내려놓게 된다. 내가 원하는 각도로, 배경으로, 찍어주는 사람이 가뭄에 콩나듯인데다, 혼자 오도카니 서서 포즈를 취하는 것은 여간 쑥스러운 일이 아니기 때문이다. 얼굴이 김태희나 한가인처럼 예뻤다면 어떻게 찍어도 예뻤겠지만, 그것도 아니니, 사진은 포기하는 편이 정신건강에 이롭다. 그렇게 혼자 여행에서 할 수 없는 것이 있음을 깨닫고 포기하면 마음이 편해진다. 나 역시도 적당히 셀카나 남기고 적당히 예쁜 풍경을 남기는 것에 만족하고 익숙해진 지 오래다. 사람은 적응의 동물이니 말이다.

그리고 사람은 또한 망각의 동물이다. 멋진 사진을 남기는 것이 힘들다는 것을 알면서도 이번에는 혼자가 아니라는 생각이 드니 또다시 사진에 대한 욕심이 올라오기 시작했다. 이번엔 혼자가 아니다. 사진을 찍어줄 동생이 있다. 어쩌면 동생이 멋지게 찍어줄 수 있지 않을까? 신통치 않은 영어를 써가며 각도를 이렇게 해달라느니 조금 멀리서 찍어달라느니 할 필요도 없다. 한국말로 속사포처럼 내뱉어도 되는 코리안 서영이가 있다. 희망을 가져도 되지 않을까? [여행에 미치다]에 나오는 사람들처럼 멋진 사진의 주인공이 될 수도 있다고 말이야!

여기에 올라오는 사람들은 어떻게 그렇게 사진을 잘 찍는지. 그들의 사진을 보며 저장한 여행지가 한두 군데가 아니다. 나도 멋진 사진을 남기고 싶었다. 여행에 미치다의 한 페이지를 장식하는 그런 사진 말이다. 오랫동안 잠들어있던 나의 욕망이 다시 눈을 뜨는 순간.

그러나 금세 눈을 질끈 감아버리고 말았다. 실상은 여행에 미친 사람이 아니라 서영이의 사진 실력에 미쳐버릴 것 같은 나만 존재하고 있었으니깐. 서영이가 일명 '똥손'이라는 사실

을 망각한 탓이었다.

"좀!!! 아, 진짜 답답하다. 이렇게 밖에 못하나."

"아. 미안… 다시 찍어줄게."

"아. 잘 좀 해봐 진짜 나는 니 사진 이렇게 예쁘게 찍어주는데."

"언니가 다시 구도 좀 잡아줘."

내가 그렇게 어려운 걸 요구한 거니? 나도 사진 그만 찍고 편하게 놀고 싶다. 그런데, 건질 수 있는 사진이 없으니 자꾸 찍어달라는 거다. 그냥 내가 동생을 찍어준 것처럼만 하면 된다는 데 그게 어려운 일일까. 답답함을 넘어 억울한 마음까지 들었다. 사진이 죄다 이상해 여행에 미치다 페이지는커녕 내 인스타에도 올리질 못한다. 사진에 관심이 많은 나는 인스타에 못 올리고 있는데 정작 사진에 관심이 없는 서영이는 사진을 하나씩 올리는 아이러니한 상황.

더 열불이 나는 건 서영이가 사진에 관심이 별로 없으니 내 사진을 찍어주는 열정도 별로 없다는 것이었다. 여기서 찍어달라고 하면, 진짜 '여기가 어딘지'만 찍는 것 같다. 지금 있는 여기와 내가 어울리게 찍어줄 수는 없는 건가? '여기'와 '나'는 합성한 사진 마냥 따로 놀고 있다. 사진의 구도를 모를 수도 있겠다 싶어 서영이 먼저 찍어주고 똑같이 찍어달래도, 결과는 변함이 없다.

"언니, 그냥 삼각대로 찍자."

어지간히 참았나 보다. 하긴 이대로 계속 찍어달라고 요구하다간 유혈사태가 일어날 것만 같다. 삼각대를 사용하기로 하고 평화협정을 맺는다. 어쨌든 자매 여행이니 비슷하게 옷을 맞춰 입고 자매 사진이라도 남기자며 말이다. 올드타운의 예쁜 골목 가운데 자리를 잡고 삼각대를 놓는다. 쑥스러워도 기필코 끝내주는 사진을 하나 남기겠다는 마음으로, 포즈를 취해가며 타이머로 시간을 맞추고 여러 장을 찰칵 찍어댄다.

'뭐 한 장은 건지겠지'라는 기대를 가지고 사진을 살핀다. 첫 번째 실패, 두 번째 탈락. 수십 장의 사진을 쓰윽 넘기는데⋯ 어쩐 일인지 마음에 드는 게 하나도 없다. 내가 이렇게나 몸뚱어리가 짧았던가? 머리는 또 왜 이렇게 산발이야? 그렇다. 나 또한 망각한 것이다. 내가 김태희처럼 예쁘지도, 장윤주처럼 멋진 몸매를 가지지도 않았다는 것을. 그렇다면 사진에 예쁘게 나올 수 있는 포즈나 표정이라도 취해야 하는데 사진 속 내 모습은 영 어색하다. 그러니깐 서영이의 손이 문제가 아니라 모델이 문제였던 것이다. 이름하여 똥모델 김혜미. 혼자 여행을 다니기 시작하면서 사진을 포기하고 지내다 보니, 사진 찍히는 것이 너무 오랜만인 탓이었다. 그러니 서영이가 아무리 잘 찍어주려 해도 잘 찍을 수 없을 터. 어정쩡한 포즈와 어색한 시선 처리의 콜라보는 어떤 금손이 와도 잘 찍기 힘들 것이다. 크흠. 서영아, 미안하다.

서영이가 사진을 한 번에 잘 찍을 수 없듯이. 나도 한 번에 멋진 포즈를 취할 수 없다. 뭐든 해봐야 늘지. 근데 우리의 짧은 여행 기간 동안 서영이가 멋진 사진을, 내가 멋진 포즈를 취하기는 아무래도 힘들 듯싶다. 그래, 절대 우리의 실력은 늘 수 없다. 그러니 다시 한번 적응하고 망각해야 할 때다. 서영이의 사진 실력과 내 어정쩡한 포즈에 적응하자. 대신 그런 똥사진이 찍혔다는 걸 금방 까먹기로 하자. 적응하고 망각하는 것만이 우리의 여행을 위태롭지 않게 만들 것이다. 서영아, 언니가 너한테 사진 못 찍는다고 구박했던 거 다 잊어버렸지?

아마 여행을 잘 한다는 건 이렇게 잘 적응하고 잘 잊어버리는 것일지도.

⑰

태국에서 아리랑을
들어보신 적 있으세요?

여행이 주는 선물

여행을 떠나오면 유독 걸음이 느려진다. 성격이 급해 빨리빨리를 외치던 나는 이곳에 없다. 앞만 보고 직진하거나 휴대폰만 응시한 채 걸어가는 나도 이곳엔 없다. 느리게 걸으며 길가의 모든 것에 눈길을 보내는 나만이 이곳에 있다.

그렇게 걷다 보면 느려진 내 걸음마저 멈추게 만드는 무언가들이 있다. 그 무언가의 종류는 다양한데, 길고양이에서부터 아기자기한 소품들이거니, 때로는 고소한 냄새가 그 주인공이 되기도 한다. 이렇게 내 발걸음을 붙잡는 무언가들은 생명의 유무도 가리지 않고 형체의 유무도 가리지 않은 채 작고 사소하다는 하나의 공통점만으로 살며시 내 걸음을 멈추게 만든다.

아리랑을 연주하던 할아버지의 모습

 지금 나는 그렇게 걸음을 멈춘 채, 할아버지를 바라보고 있다. 기타를 치며 노래를 부르는 백발의 할아버지. 노래를 기가 막히게 잘하는 것도 아니고, 내가 아는 노래를 부르는 것도 아니지만 그저 서서 할아버지의 노래를 듣고 있다. 오직 할아버지의 표정 때문에. 세상에서 제일 행복한 사람이라고 말하고 있는 듯한 저 웃음. 사소한 이유지만 나까지도 기분 좋아지는 표정에 나는 걸음을 멈추어 그를 바라볼 수밖에 없다. 눈을 계속 맞추며 바라보는 내가 궁금한지, 그가 내게 말을 건넨다.

 "넌 어디에서 왔니?"

"저는 한국에서 왔어요."

"나 한국 알아. 아리랑 부를 수 있어."

"아리랑이요? 불러주실 수 있어요?"

"그럼."

한국인이라는 나의 말에 할아버지는 아리랑을 부르기 시작한다. 중간중간 태국어가 섞이긴 했지만, 아까와는 다른 모습으로 애절하게 부르는 덕에 나까지 애절해진다. 내가 언제 아리랑을 이렇게 귀 기울여 들은 적이 있었던가. 진심을 가득 담아 노래를 부르는 할아버지의 모습에 괜히 울컥한다. 천천히 걷지 않았다면 이렇게 노래에 진심을 다하는 할아버지를 마주칠 일은 없었겠지.

걸음을 멈추게 만드는 사소한 이유들은 결국 이렇게 소중하고 귀한 순간을 만들어낸다. 그저 길고양이가 귀여워서 걸음을 멈춘 나는 웃고 있고, 물건이 예뻐서 걸음을 멈춘 나는 어느새 누군가에게 선물이 될 소품을 손에 쥐고 있다. 할아버지의 행복한 표정을 보고 걸음을 멈춘 그 순간 나는 세상에서 제일 행복한 사람이 된다. 그렇게 사소하고 하찮은 이유들은 내가 걸음을 멈추고 마주한 순간부터 소중한 존재가 된다. 나는 이렇게 아무것도 아닌 것들로 웃는다. 평소엔 눈길을 주지 않았던 것으로부터 위로를 받는다.

내가 발걸음을 재촉해서 걸어갔다면 할아버지를 만날 수 있었을까. 내가 휴대폰만 응시한 채 걸어갔다면 태국어가 섞인 아리랑을 들을 수 있었을까. 아마도 마주할 일은 없었겠지. 여행이란 행위는 내 걸음을 느리게 만들고 결국 더 많은 것들을 만나게 한다. 여행이 주는 선물은 어디까지일까.

우리는 가족이니깐

Part 3.

뒤바뀐 언니와 동생

향수병의 일종, 집밥병

행운을 빌어요 촉디 카!

Made by 혜미, Made by 서영

행복하게 춤을 추는 원숭이

앙깨우 호수에서의 고백

뒤바뀐 언니와 동생

치앙마이 액티비티: ATV

　어릴 적의 일이다. 서영이가 피 뽑을 일이 있어 엄마와 병원을 가던 날. 교통사고로 인해 채혈 경험이 있던 나는 정말이지 내 생에 이렇게 아픈 일은 없을 거라 생각했다. 굵고 긴 바늘이 내 피부를 뚫고 들어가는 느낌이란. 우습겠지만, 교통사고가 나서 다리가 부러졌던 것보단 그 때문에 채혈할 때의 기억이 더 생생했다. 그런 끔찍한 일이 동생에게 벌어진다니, 동생이 불쌍하기도 했지만 사실 그보다 동생을 놀리고 싶은 마음이 더 컸다. 어떻게 놀릴까 집에서 동생이 돌아오기만을 기다리던 철없던 언니. 그런데 웬걸, 피 뽑고 돌아온 서영이가 하는 말이 '별로 안 아프던데'였다는 사실. 게다가 엄마의 말론, 울지도 않았다더라. 김이 팍 식어버렸던 그때의 기억.

같은 엄마 뱃속에서 나왔는데, 이렇게 서로가 다른 건 정말이지 놀라운 일이다. 엄살이란 엄살은 다 부리는 언니와 주사 맞는 게 무섭지 않은 동생. 어렸을 때부터 그랬고, 지금도 그렇다. 주삿바늘만 보면 벌벌 떨던 나는, 지금 여기 ATV 위에서도 떨고 있다. 힘이 센 ATV의 모터 진동 탓이라고 하고 싶지만 그러기엔 뒤에 앉은 서영이는 평온하다.

그렇게 벌벌 떨면서 ATV를 왜 타냐고? ATV는 나의 로망이었으니깐. 비포장도로를 먼지를 뒤집어써가며 오토바이로 달리는 모습. 그건 내게 젊은 청춘들의 여행을 떠올리면 제일 먼저 생각나는 모습이었다. 거친 길을 신나게 내달리는 모습이란, 나의 심장을 뜨겁고도 설레게 만들기 충분한 액티비티였다는 뜻. 그런데 지금은 온몸이 뜨겁고 땀이 난다. 사실 ATV에 올라탔을 때만 해도 의기양양했다. 쨍한 노란색의 ATV 위에서 선글라스를 착용한 내 모습, 꼭 청춘영화의 주인공이 된 것만 같았는데, 그건 이 몸집 큰 운송수단이 멈춰있을 때만 해당되는 것이었다. 본격적인 드라이브에 앞서 ATV 체험 코스를 운전하며 작동법을 익혀야 했는데, 분명 가이드가 시범을 보일 땐 쉬워 보였다. 그 모습을 보고 자신감이 샘솟아 나름 골프카트도 많이 운전해 봤다며, 서영이에게 큰 소리를 치고 출발하던 그 순간이었다. 나의 생각이 180도 바뀌던 것은.

"스톱! 스톱!!!!!!"

안전요원의 다급한 외침이 아득하게 들린다. 저도 멈추고 싶은데 쉽게 멈춰지지가 않아요. 액셀을 꽉 밟고 출발을 해버린 나는 울퉁불퉁한 길 위에서 흔들거리는 ATV의 브레이크 좀처럼 잡지 못했고, 몇 번의 시도 끝에 나무 코앞에 멈춰 섰다. 다행히 서영이도, 나도, 나무도 무사했다. 안내요원이 영어로 뭐라 뭐라 하는데, 그것보다 내 심장소리가 더 크게 들린다. 시작 전부터 사고를 낼 뻔하다니. 우리나라도 아니고 다른 나라 와서 다치면 정말 낭팬데, 방금 내가 그 비운의 주인공이 될 뻔했다. 게다가 서영이도 뒤에 타고 있지 않은가. 청춘영화의 주인공은 무슨. 사고나 안 나면 다행이다.

아무튼 이런 이유로 운전을 포기하고 싶었던 난데, 체험을 신청할 때 운전자 1명 탑승자 1명으로 신청을 한 터라 꼼짝없이 운전대를 잡아야 하는 상황이 된 것이다. 그래, 바퀴가 두 개 달린 것도 아니고 네 개나 달렸는데 천천히 하면 문제없겠지. 하며 벌렁거리는 마음을 달랜다.

"헬멧 제대로 써라."

괜히 서영이에게 단단히 주의를 주곤, 비장하게 출발을 한다. 꽉 잡아. 나도 나를 믿을 수가 없단다. 외국 언니 두 명이 더 해져서 가이드를 포함한 다섯 명이 아슬아슬한 ATV 여정에 나선다. 가이드와 외국 언니 둘, 그리고 우리. 세 대의 ATV가 줄지어 출발한 것도 잠시, 앞선 언니들의 모습이 작아진다. 곧 있으면 눈앞에서 사라질 기세다. 이 모습을 지켜보던 서영이가 몇 마디 보탠다.

"언니 좀 빨리 가봐. 여기는 안전하다. 그냥 도로잖아."

"흐어어어엉 서영아, 나도 빨리 가고 싶다. 근데 아까 혼나서 무서워."

"언니, 그러다 앞팀 놓치겠다. 그게 더 문제임. 아무도 없으니깐 좀 달려봐."

"알겠다. 한 번 해볼게."

여간해선 서영이가 나한테 잔소리하지 않는데, 이 정도면 내가 많이 느리긴 한가보다. 그런데 어떡해! 아까 사고 낼 뻔해서 나는 무섭다고. 서영이는 아무도 없다고 말했지만, 사실 우리 옆에는 쌩쌩 달리는 차들이 지나다닌다. 너 눈에는 안 보이는 거니? 속으로 그렇게 투덜거렸지만, 서영이 말대로 앞팀을 놓쳐 도로 위의 미아가 될 순 없다. 손잡이를 꽉 움켜지고 속도를 올린다.

앞 팀 언니들을 따라잡아야 한다는 필사적인 마음으로 운전을 하다 보니, 어느새 첫 번째 포토스팟에 도착했다. 내리고 보니 손에 땀이 흥건하다. 잔뜩 긴장하고 운전을 한 탓이다.

"서영아 언니 손 봐. 완전 빨갛제. 너무 아프다 진짜 너무 꽉 잡았음. 너무 긴장해서 목도 아프다 앞으로 어떻게 더 가노. 나 운전할 자신이 없다."

내리기 무섭게 서영이에게 바로 찡찡대는 여전히 철이 없는 언니.

"괜찮다, 언니. 그래도 잘 했다."

열심히 달린 끝에 마주한 풍경,
눈에 안 들어오더라

서영이가 달래줬지만, 엄살쟁이 언니는 칭얼거림을 멈추지 않는다.

"아니. 언니, 진짜 힘들었다. 니 목숨을 위해서 내가 열심히 달렸다."

계속 듣던 서영이가 피식 웃으며 자신의 다리를 보여준다. 시뻘게진 종아리를.

"언니 나는 엔진이 딱 종아리 위치에 있어서 완전 뜨거웠다. 근데 언니한테 말 안 함. 말하면 언니 또 신경 쓴다고 정신 없어질 것 같아서."

이런, 고작 손 빨개졌다고 호들갑 떨던 것이 뻘쭘해진다. 분명 뜨거움이라는 고통은 강렬하고 순간적이다. 해서, 살짝 데이기만 해도 앗! 뜨거워가 절로 나온다. 나라면 분명 뒤에서 뜨겁다고 난리쳤을 게 뻔한데 서영이는 참아냈다. 그것도 내가 정신 없어질까 봐서 누군가를 위해서 나의 고통을 견디는 배려는 그를 위하는 마음이 어느 정도여야 가능한 걸까. 철없는 언니는 여전히 잘 모른다. 말로만 배려를 하는 내게, 서영이는 몸으로 배려를 보인다. 어쩌면 뭐든지 묵묵하게 해내는 서영이가 언니일 것 같다는 생각이 든다.

"언니. 나도 이렇게 뜨거운 거 참았으니깐, 언니도 잘 참고 운전해 봐. 하다 보면 무뎌진다."

아까까지는 서영이의 말이 잔소리 같았는데, 뜨거운 엔진열을 참고 여기까지 온 서영이의 속 사정을 듣고 나니 응원의 말로 들린다. 더 이상 허리를 꽉 잡고 있는 뒤편의 서영이가 부담이 아닌 든든한 지원군으로 느껴진다.

훗날, 우리의 모습을 사진으로 남긴다면 꽤 긴장되어 있고 어딘가 고장 난 자세겠지만, 그 순간 내가 서영이를 의지했다는 것은 확실히 남아있을 테다. 그 사진에 이름을 붙인다면 뒤바뀐 언니와 동생이 적당하겠다.

애써 밝은 척 하며 사진을 찍는 나

나 지금 떨고 있냐..?

향수병의 일종, 집밥병

한식이 먹고 싶다면 마트를 가세요

　한국에서는 잘 먹지도 않던 집밥이 한국을 떠나오면 왜 그렇게도 땡길까. 엄마가 해준 갈치조림. 김치볶음밥. 미역국. 갓 지은 밥에 장조림 올려서 한 입. 생각만 해도 입에 군침이 싸악 돈다.

　그렇게 한식이 고파져, 치앙마이에서 한식집을 몇 번이고 간 적이 있다. 근데 왜 그리도 한국에서 먹던 그 맛이 아닌지. 외국인이 어설프게 흉내 낸 한식에는 한국인의 소울이 빠져있다. 혹 가끔가다 한국인이 운영해서 제대로 된 한식집을 찾았다 싶으면, 꼭 가격이 사악하다. 가격표를 보고 있으니 물가가 이토록 저렴한 태국에서 가장 비싼 것은 한식일 것이라는 생각이 든다. 돈 없는 여행자에게 한식은 정녕 사치인 것일까.

가격과 맛을 둘 다 만족시키는 한식집이 좀처럼 없으니, 맛있는 태국 음식을 먹어도 2퍼센트 부족한 느낌은 지울 수 없다. 분명 팟타이도 맛있고 카오소이도 맛있고 쌀국수도 맛있는데.. 맛있는 음식이 이토록 많은데! 그럴수록 엄마의 집밥이 그리워지는 걸 어찌할까.

"아. 그냥 흰쌀밥 먹고 싶다."

아차, 순간 잊고 있었다. 나보다 더한 밥순이가 내 곁에 있다는 것을. 집에 반찬은 없어도 밥은 있어야 한다는 명언을 남긴 장본인. 이 정도면 얼마나 서영이가 밥을 좋아하는지 예상되리라. 고된 하루를 보낸 날일수록 한식에 대한 집착은 더 커질 수밖에 없다. 그도 그럴 것이 온몸에 힘을 주고, 잔뜩 긴장한 채 달렸던 ATV 투어를 끝내고 나니, 피곤함과 허기가 동시에 몰려온다. 이럴 땐 밖에서 밥 먹을 힘도 없다. 그러니 당연히 집밥이 생각날 수밖에.

삶이 고단할수록 삼겹살과 소주를 먹어야 한다고 했던가. 엄마가 해주는 집밥은 아니지만, 장을 봐서 집에서 먹으면 그게 집밥이고 가정식이라는 지론을 펼치며, 숙소 앞에 있는 마트로 향했다. 번역기를 돌려 삼겹살로 추정되는 고기를 집어 들고 라면 코너로 가서 떡하니 가운데 자리 잡은 신라면을 바구니에 담는다. 화룡점정으로 초록 병의 소주를 집어드려는 순간. 다른 술에 비해 0이 두 개 더 붙은 가격이 내 움직임에 제동을 건다. 그래, 어차피 서영이도 술 잘 못 먹으니깐..

힘겨웠던 초록 병과의 타협을 마치고 숙소로 돌아오니, '아드디어 집이다'라는 소리가 절로 나온다. ATV의 낭만을 맛보려다, 액티비티에 호되게 당하고 온 우리. 이제껏 숙소에서 잠만 잤다면, 오늘은 모처럼 집이라는 공간에 푹 절여지고 싶다. 그 방법은 생각보다 간단하다.

① 가스레인지에 불을 켜고, 달궈진 프라이팬에 삼겹살을 올린다.
② 삼겹살이 노릇하게 구워질 동안, 라면 물을 올린다.
③ 물이 끓기 시작하면 라면과 수프를 넣는다.
★ ④ 음식이 준비되어갈 때쯤 서영이를 부른다. ★
  [이게 핵심 포인트다.]

"서영아-!"
"응."
"노트북에서 재밌는 것 좀 찾아서 틀고 숟가락 놔라."
"엉."

시키는 것처럼 보일 수 있지만, 엄연히 요리 담당과 상차림 담당으로 분업이 되어있다. 즉, 집밥을 먹기 위한 일종의 조별 활동인 셈.

긴 시간을 같이 있었던 것이 효과가 있긴 한가보다. 그냥 재밌는 것 좀 찾아서 틀라고 했을 뿐인데 내 취향인 예능프로그램이 딱-하고 재생되고 있다. 여행 시작할 때, 서로 뭘 좋아하는지 몰라서 뚝딱대던 게 엊그제 같은데 제법 죽이 맞아간다.

숙소에서 즐기던 우리만의 집밥, 라면과 고기.

(사실 거의 엊그제가 맞다. 우리의 여행은 2주였으니깐) 삼겹살과 라면을 차려놓고 함께 한국 예능을 보고 있자니, 여기가 정말 우리 집, 우리 방이지 싶다. 사실 내가 고팠던 건 특별한 한식이 아니라, 고된 하루를 끝내고 돌아와서 먹는 집밥이 아니었을까.

고된 하루의 보상은 특별한 것이 아닐지도 모른다. 아늑한 집과 갓 지어낸 밥. 좋아하는 티비 프로그램. 함께 웃을 수 있는 가족까지. 이 정도면 충분한 집밥이지. 굿 밤!

Ps. 제아무리 여행을 좋아하는 사람이라도, 밖에서 노는 걸 좋아하는 극외향의 사람이라도, 집이 고파질 때가 있다.
정확히 말하면, 바깥의 흔적들을 씻어내고, 식탁에 앉아 좋아하는 티비 시리즈를 틀고 앉아서 따뜻하게 차려진 무언가를 먹는 행위.
다 먹고 배 두드리면서 침대에 몸을 맡기는 순간,
나는 말할 수 있다. 그게 바로 집의 존재 이유라고.

행운을 빌어요 촉디 카!

선데이 마켓의 매력

 시장은 사람 대 사람이 하나의 물건에 대해 분명한 입장 차이가 존재하는 곳이다. 제값보다 싸게 사 합리적인 소비를 하려는 사람과 비싸게 팔아 이윤을 남기려는 사람. 관광객들을 대상으로 하는 시장은 더더욱 그렇다. 이런 곳에서 손해를 보지 않으려면, 내가 원하는 것을 조리 있게 또박또박 설명해야 할 것 같지만, 아이러니하게도 그렇지 않다.

 '깎아주세요'와 '더 이상 안 돼!'와 같은 소리들만 들리는 이곳. 바로 선데이 마켓이다. 서툴지만 확실한 의사소통이 선데이 마켓을 가득 채운다. 서툰 태국어와 영어 실력일지라도 상관없다. 여기서 중요한 건 언어 실력이 아닌 확실하게 깎겠다는 합리적이고 뻔뻔한 마음가짐이니깐.

사실 한국에서 내겐 상상조차 못할 일이다. 가게에 들어섰을 때, 직원이 '뭐 필요한 거 있으세요?'라는 물음조차도 사양이다. 그뿐인가. 괜히 가게에 오래 있거나 직원의 시간을 많이 뺏는 것 같다 싶으면 딱히 원하는 게 없어도 무엇 하나 사고서야 가게를 나오고 마는 그런 파워 소심쟁이니까. 그러니 물건을 살 때 깎아달라는 말을 뱉어봤을 리가. 되려 옆에서 깎아달라고 하는 엄마의 팔을 찰싹 때리며, 하지 말라고 말리기 바쁘다.

그런 내가 선데이 마켓에서 상인들의 눈을 맞추며 반짝거리는 눈빛으로 '타오라이카'(얼마예요?)를 입에 달고 '추어이 롯너이나카'(좀 깎아주세요)를 배에 잔뜩 힘을 주고 외쳐댄다. 한국에선 필요하지 않은 물건도 사버리는 난데, 여기선 애교 섞인 목소리와 함께 불쌍한 눈빛을 보내며 깎아달라고 하는 뻔뻔하고 합리적인 소비자가 되고 만 것이다.

언어가 통하지 않아도 내가 말하고자 하는 것이 통하고, 물건값까지 깎을 수 있으니 선데이 마켓을 좋아할 수밖에. 이곳은 이방인인 내가 자연스레 스며들게 만든다. 기막힌 매력은 널리 알려야 하는 법. 이런 이유로 나는 50대 우리 엄마의 영혼이 제대로 빙의해버리고 말았다. 엄마가 깎아달라고 말할 때는 옆에서 말리던 나는 온데간데 없고 엄마 못지않게 서영이를 부추기며 무조건 깎으라고 말하는 사람만 남은 것이다. 서영이는 내가 한국에서 그럴 때처럼 처음에는 쭈뼛대는가 싶더니, 나의 성화에 못 이겨, 물건값을 깎기 시작한다. 열정적으로 변해가는 동생의 모습을 지켜보는 게 퍽 즐겁다. 배에 잔뜩 힘을 주어 말하는 모습이 꼭 나를 닮았기 때문일까. 그러면 금세 배가 고플 텐데.

"언니. 배고프다."

그렇지 아무렴. 1km나 되는 마켓을 구경하고 물건을 깎으려 흥정하며 걷다 보면, (또 한 번만 걷는 것이 아니라 구경한다고 여기저기 왔던 곳을 다시 돌아가기도 하기 때문에) 배가 부르던 사람도 배가 고파지기 마련. 그렇다면 서영이에게 숨겨둔 보석 같은 공간을 보여줄 차례다. 선데이 마켓 구석에 옹기종기 모여있는 음식점들과 그 옆에서 네 가지 종류의 와인을 파는 곳. 그곳엔 와인 잔을 건네는 나이가 제법 있어 보이는 여인이 있는데 그녀가 바로 뚜엉이다. 노점에서 한 잔씩 와인을 파는 뚜엉은, 영어에 능통하다. 유창한 영어로 손님들과 얘기를 나누기도 하고 혼자 온 손님을 옆 손님에게 소개해 주기도 한다. 그러다 분위기가 무르익거나 뚜엉이 한가해지는 시간이 오면, 그녀도 잔에 와인을 따라 마시며 그들과 얘기를 나눈다. 그렇게 모두가 친구가 된다. 머리가 희끗한 노인도, 푸른 눈의 청년도, 까무잡잡한 소녀도.

그때의 기억을 눈으로 그리며, 뚜엉의 가게에 발을 들이민다. 이번에도 역시 우리를 보고선, 자리에 앉히며 옆 사람들을 소개해 주는 뚜엉. 그 순간, 근질거리던 입이 참지 못하고 뚜엉에게 아는 척을 했다. 서툰 영어실력으로. 지난 4월에 왔었는데 나를 기억하느냐고, 진짜인지 모르겠지만 뚜엉은 나를 기억한다 했다. 그때처럼 뚜엉은 와인을 잔에 따르고 자리에 앉았다. 그녀가 자리에 앉자, 옆에 있던 캐나다 아저씨가 관심을 보탠다. 으레 그렇듯이, 여행자들에게는 당연하면서도 진부한 얘기

선데이 마켓의 인연들

를 건넨다. 어디서 왔는지, 어디를 여행했는지. 왜 이곳에 왔는지와 같은 여행자들의 안부 인사. 허나 이런 얘기도 뚜엉의 와인 노점이라면 즐겁다. 이방인들만의 대화가 아니라 현지인이 중간에서 사회자가 되어 서로를 소개해 주는 덕일까. 나는 서영이가 여행지에 와서 관광만을 하는 것보다 이들의 문화에 녹

아들고, 서로의 문화를 나누기를 바랐다. 비록 서툴지라도. 그런 경험을 하기엔 선데이 마켓에서 와인을 파는 뚜엉의 가게만큼 좋은 곳은 없다. 적당한 취기로 기분을 좋게 하는 달콤한 와인, 서로를 소개해 주는 이곳의 주인장 뚜엉, 그리고 다양한 경험과 문화로 뭉친 손님들까지.

처음엔 어색하게 하하 웃으며 듣기만 하고 우물쭈물 대답만 하던 서영이가 음식이 맛있다며, 먹어보겠냐며 말을 걸고, 캐나다에서 왔다는 브래드에게 왜 이곳을 찾았냐며 묻는다. 그 후에는 정확히 어떤 얘기가 오갔는지 기억나지 않는다. 그때 이방인을 품어주던 따뜻했던 분위기 속에서, 와인을 무지하게 먹고, 여느 여행자들처럼 브래드와 SNS 아이디를 주고받고, 그러다 뚜엉에게 와인 서비스를 받고 선뜻 우리의 와인값을 계산해 주던 브래드. 한 장의 사진으로 기억되던 그 순간 깨닫고야 말았다. 선데이 마켓의 매력이 물건값을 깎는 순간에 있지 않았다는 것을. 그저 물건을 파는 한낱 판매자가 아닌 소통하는 사람을 만날 수 있게 하는 순간에 있었다는 것을. 어느 구석진 골목에서 서로의 얘기를 들어주는 사람들을 만나고, 그들과 친구가 되고. 진정으로 통하던 순간들.

오늘이 지나면 뚜엉의 와인 노점엔 또 다른 이들이 모여 친구가 되겠지만, 거기엔 우리는 없을 것이다. 그렇다면 나는 지금 함께하는 이들에게 어떤 인사를 건넬 수 있을까. 다음에 다시 보자 같은 말을 하고 싶지 않았다. 초보 여행자인 나도 서영이도 그건 확실하지 않은 말임을 알았으니깐. 그저 그들이 보이지 않는 곳에서도 잘 지내기를 바랐다. 그래서 뚜엉에게 물었다. 군 럭이 태국어로 무엇이냐고.

"촉디 카."

행운을 빌어요. 짧았지만 긴 순간을 함께한 당신에게 행운이 있기를. 진심을 다해.

Made by 혜미, Made by 서영

기념품엔 다 의미가 있다

"언니. 우리 저거 하면 안 돼?"

동생의 손끝을 따라간 곳에선 여권 케이스를 팔고 있는 노점상이 보인다. 복잡하기만 한 야시장에서 저건 또 어떻게 발견했담. 건망고만 사도 우리 가방은 이미 만원 엘리베이터라고 말하려는데 서영이의 그다음 말이 내 입을 다물게 만든다.

"여권 케이스 있으면 이제 여권 잘 챙길 수 있을 것 같은데…"

한국 떠날 때 여권 집에 두고 온 사람이 너였지, 참. 여권 케이스를 사는 것과 여권을 잘 챙기는 건 아무리 생각해 봐도 관련성이 없는 것 같지만, 못 이기는 척 동생에게 이끌려 노점상에 왔다.

"그래도 치앙마이 왔는데 기념품은 사야지. 우리 이제껏 돈 없고 가방 꽉 찼다고 기념품은커녕 건망고도 많이 안 샀잖아."

호객행위를 열심히 하는 아저씨 앞에서도 주저하는 나를 보더니, 서영이가 여권 케이스를 꼭 사야만 하는 이유를 덧붙이기 시작한다. 하긴 여행에서 늘 아쉬웠던 것은 내 가방은 왜 벌써부터 꽉 차있는가에 대한 것이었다. 위탁수하물에 제한만 없었어도 기념품 전용 가방을 하나 더 챙겼을 것인데 말이다.

가방이 꽉 차서 아쉽다면, 반대로 지갑은 텅텅 비어버려서 또 아쉽다. 비어버린 지갑과 꽉 차버린 가방, 두 개의 입장이 바뀌면 참으로 좋으련만. 아무리 노려봐도 바뀌지 않는다는 걸 알고 나면, 나는 쇼핑할 때 꽤 냉정해진다. 가격이 비싸니 탈락. 가격에 비해 퀄리티가 안 좋으니 탈락. 가격도 좋고 품질도 좋지만 실용성이 떨어지니 탈락. 무게가 너무 무거우니 탈락. 부피가 크니 탈락. 이런 식으로 엄격한 심사를 거치고 나면 기념품 후보로 있던 수많은 물건들이 후두두 떨어지고 남는 게 없다.

그런데 여권 케이스를 빤히 바라보고 있자니, 이건 나의 엄격한 심사를 뚫고 최종 면접까지 올라온 단 하나의 후보 같다는 생각이 든다. 일단 서영이 말대로 우리는 이제껏 제대로 된 기념품을 산 적이 없다. 기념품은 사실 쓸모가 없는 녀석들이 대부분이다. 선반을 차지하는 장식품에 지나지 않는 경우가 대부분이니깐. 간혹가다 쓸모가 있다면 냉장고에 철썩 붙는 자석 정도? 근데 여권케이스는 다르다. 193개의 국가를 방문할 수 있는 대한민국 여권을 보호할 수 있는 실용적인 면모를 갖추고 있다. 게다가 단돈 100바트. 한국 돈으로 3700원.

근데 그런 이유보다, 내가 여권 케이스를 사겠다고 마음먹은 데에는 다른 결정적인 이유가 있다. 바로 Made by 혜미 Made by 서영. 우리가 직접 만든다는 얘기다. 사실 만든다기보단, 다양한 모양의 찡들을 고르고 원하는 위치에 박아달라고 하는 정도지만. 내 마음대로 디자인한 여권 케이스를 가질 수 있다는 건 꽤나 큰 매력으로 다가온다.

"해보자. 그냥 기념품 사는 것보단 니 말대로 여권케이스 하는 게 좋을 듯."

"그니깐. 한국에서 이런 거 하면 또 비싸다이가. 태국은 길거리에서 저렴하게 할 수 있어서 대박임."

여권 케이스를 사기로 마음먹고 나니, 사야 할 이유들이 늘어난다. 만들어진 기념품을 사 오면 그 나라를 기억하는 기념품이 되지만, 나의 손길이 더해진다면 그 순간까지 기억할 수 있는 기념품이 되니깐. 100바트 짜리 여권케이스도 의미를 부여하기 나름이다.

"와. 이거 우리 커플템이가. 좀 징그럽다."

"우리 커플템이라고 하지말고 자매템이라고 하자. 어떤데."

"자매템 안 될 듯. 왜냐면 내 친구들한테도 이거 선물해 줄 거임."

"아. 언니!"

비록 자매템이라는 의미를 부여하는 데엔 실패했지만, 우리의 순간을 기억할 수 있는 기념품이 생긴 건 분명하다. 어두운 색이 잘 어울린다며 케이스의 색을 골라주고, 사진 찍는 걸 좋아한다고 카메라 모양의 찡을 골라주던 순간들. 사실 기념품은 무언가를 기념한다는 것 자체만으로도 쓸모를 다하고 있지 않을까. 꼭 실용적이지 않더라도, 서로에게 뜻깊은 순간을 만들 수 있다면 여권 케이스가 아니더라도 한 번쯤 사치를 부려봐도 좋겠다. 아무튼 서영아, 이제 여권 놔두고 다니면 가만 안 둔다 진짜?

서영이와 친구들의 여권 케이스.
내 건 어디로 사라졌냐.

언니 원숭이 될 거면 그 기둥 좀 잡아봐.

행복하게 춤을 추는 원숭이

치앙마이의 거리를 제대로 느끼고 싶다면

"언니. 진짜 왜 그러는데. 아 같이 못 다니겠다."

"니도 해 봐. 진짜 신난다. 어차피 우리 알아보는 사람도 없는데 뭘."

못 볼 걸 본 사람 마냥 고개를 흔드는 걸 보니, 서영이는 나의 몸짓을 우스꽝스러운 행태쯤으로 여기고 있나 보다. 치앙마이를 몸속 깊이 새기기 위한, 거룩한 의식인 줄도 모르고. 햇빛을 받은 노란 꽃잎들이 반짝거리고, 길에 내려앉은 흙먼지마저 금빛을 띄는 치앙마이의 거리를 기억하는 법. 아니, 이 거리를 거닐고 있는 기쁨을 표현하는 법.

"아니. 길에서 도대체 춤을 왜 추냐고."

"아니. 해봐. 기분 좋을 때 춤추면 진짜 행복하다니깐."

보라색 담벼락이 길게 늘어선 길을 따라, 엉덩이를 흔들며 걸음을 내딛는다. 휴대폰에선 Tones and I의 Dance Monkey가 흘러나온다. 그렇다. 나는 지금 길거리에서 노래를 틀고 춤을 추고 있다.

신나게 몸을 흐느적거리고 있지만, 한국에서는 상상조차 할 수 없는 행동이다. 길거리에서 음악을 틀고 춤을 춘다고? 그것도 내가? 새내기 때 춰야만 했던 단체 춤도 추기 싫어서 학교를 가니 마니 했던 사람이 저라고요. 내게 춤은 억지로 외워도 내 마음처럼 안 되고 그저 나를 부끄럽게 만드는 것이라 생각했는데, 여기선 자처해서 사람들의 시선을 끌어당기고 있다. 여전히 서툴고 제멋대로 몸을 흔들지만, 기막힐 정도로 당당하다. 이곳 사람들도 춤추는 나를 보고 비웃거나 수군거릴 수 있겠지만 나는 영어도, 태국어도 서툴다. 그들의 말을 알아듣지 못하니 그들의 표정만이 보인다. 마주 걷고 있는 서영이도, 길거리의 사람들도 웃고 있다. 표정도 살피기 전에 혹 나에게 좋지 않은 소리를 해댈까 걱정이 되어 몸을 움츠렸던 지난날의 나는 이곳에 없다. 외워서 보여주어야 하는 춤이 아닌 행복이라는 감정을 표현하는 몸짓이 반짝이는 치앙마이의 거리에 흐른다.

그들이 나를 살짝 미친 사람으로 보아도 괜찮다. 그들의 웃고 있는 표정만 보이니깐. 나를 어떻게 생각하는지는 아무래도 소용없다. 영어를 못해서, 태국어를 알아들을 수 없어서 답답하기만 했었는데 사실 있는 그대로의 나를 드러낼 땐 언어는 꼭 필요한 게 아닐지도 모르겠다. 언어 역시 나를 표현하는 그저 하나의 수단일 뿐이니깐. 오늘은 여기에서 서투른 말 대신 나를 표현하는 춤을 건네야겠다.

"동영상 찍어줄게. 이건 기록해놔야 한다."

궁금해진다. 서영이에게 나는 지금 춤 잘 추는 원숭이일까, 아니면 사람들을 웃겨주는 하는 원숭이일까. 비행기에 올라타기 전 서영이가 말을 건넨다.

"아까 언니랑 같이 춤출 걸 그랬나 봐. 언니 표정이 진짜 재밌어 보이든데."

궁금하던 머릿속 질문의 답은 행복하게 춤을 추는 원숭이였다. 잘 추진 않지만, 행복하게 출 줄 아는 원숭이. 그거면 됐다. 무작정 엉덩이를 흔들었던 춤의 이유는 행복한 나를 보여주는 것이었으니깐. 아쉽다면 다음에는 같이 행복하게 춤추는 원숭이가 되지 않을래?

앙깨우 호수에서의 고백

치앙마이 대학교 탐방하기

「서영아, 누군가 나에게 여행에서 가장 큰 행복이 무엇이냐고 물어온다면, 나는 맛있는 것을 먹을 때도, 신나는 액티비티를 할 때도, 다양한 사람들을 만나 얘기를 나눌 때도 아닌. '그저 지는 해를 바라보며 좋아하는 노래를 들을 때'라고 말할 거야. 그 사소한 행위야말로 내가 이 지구에서 얼마나 작은지를 느끼게 하면서, 또 정말 작은 것 하나에도 행복을 느끼는 존재란 걸 알게 하거든.」

홀로 한 달 남짓한 시간 동안 치앙마이에 머물 때, 나는 사랑할 수밖에 없는 장소를 찾고야 말았다. 사랑하는 사람이 생긴다면 꼭 데려오리라 다짐했던 곳. 앙깨우 호수. 치앙마이 대학교 내부에 위치한 큰 호수로 이곳을 알게 된 건 치앙마이에 혼자 있는 것이 지루해져 갈 때쯤이었다. 감성적인 인테리어의 카페 투어도 시들해져 가고 좋아하던 수영마저 따분해져 갈, 딱 그쯤. 태국 북부에서 제일 큰 대학교가 치앙마이에 있다는 사실을 알게 되었다.

'제일' '큰' 이런 수식어는 호기심을 자극하기 마련이다. 게다가 치앙마이 대학교는 교복을 입는다던데. 내가 또 언제 다른 나라의 대학교 캠퍼스를 구석구석 볼 수 있겠나. 터지기 직전의 풍선처럼 잔뜩 부풀어 오른 나의 '호기심'은 치앙마이 대학교 캠퍼스 투어 신청으로 이어졌다.

큼지막한 땅에, 연식이 오래된 거대한 건물들의 연속. 치앙마이 대학교가 기대와는 다른 건조한 인상으로 박힐 무렵, 이 투어에 끌리듯이 예약한 이유를 만나고야 말았다. 그리고 생각했다. 어쩌면 나는 남은 여정 동안 이곳을 매일 오게 될지도 모른다고. 투어의 막바지에서 보게 된 앙깨우 호수가 그 이유였다. 무성한 나무들과 쉬어가기 좋은 벤치. 그에 둘러싸인 앙깨우 호수는 캠퍼스 투어의 하이라이트였다.

하지만 앙깨우 호수 자체가 아름다운 경치를 가져서 그런 것은 아니었다. 사실 대단한 경치를 기대하고 간다면 실망할 것이 뻔하다. 경치 하나로만 사로잡기엔 세상에는 스위스의 튠 호수처럼 멋지고 거대한 호수가 너무나도 많기 때문이다. 그럼에도 내가 이토록 앙깨우를 사랑한 이유는, 여기 사는 이들의 삶을 품고 있는 듯한 모습 때문이었다. 지는 해를 물감 삼아 붉게 물든 하늘과 호수, 그 속에 있는 사람들. 앉아서 음악을 듣는 이들과, 수다를 떠는 학생들. 아장아장 걷는 아가와 웨딩사진을 찍는 부부들. 다양하고 제각각인 사람들이 누구 하나 튀지 않고 호수 속에 어우러지던 그 자태. 화려하지 않던 호수는 그렇게 모든 것을 한 데로 모아 빛을 내고 있었다.

나는 그 속에서 호수의 빛을 구경하는 걸 즐겼다. 아무것도 하지 않아도 되었다. 호수가 아무것도 하지 않고 그저 그 자리에 있었던 것처럼. 나 또한 가만히 앉아 그들을 바라보았다. 바라본다는 것만으로도 괜히 벅차올랐다. 그저 가만히 바라본다는 사소한 행위 하나만으로, 세상에서 가장 행복한 사람이 되었다. 이곳이야말로, 내가 서영이에게 제일 보여주고 싶은 장소였다. 내가 왜 치앙마이를 사랑할 수밖에 없는지. 하고 싶은 말이 너무 많아 말을 하기 어렵다면, 아무 말도 않은 채 그저 이 장소면 보여주면 될 뿐이었다.

그렇게 나는 동생을 데리고 또다시 이곳에 와 있다. 그때의 나처럼, 서영이 또한 노래를 들으며 책을 읽는다. 산책하는 사람들을 바라본다. 나는 그런 서영이를 본다. 서영이는 내가 어떤 마음인지 알까.

「서영아, 언니가 제일 좋아하는 도시야.

보여주고 싶었어. 그리고 너도 이곳을 좋아하기를 바랐어. 너를 데리고 여행을 오겠다는 그 목표로 작년을 버티기도 했어. 휴학하고 실컷 놀겠다는 마음을 접고 다시 일을 시작한 것이 그 때문이라면 사람들은 믿을까?

하필 왜 너를 데리고 이곳에 오는지 많은 사람들이 물어올 때, 나는 그냥이라고 대답을 하곤 했어. 그냥이라는 말로 얼버무리고 말았지만, 사실은 네가 나보다 더 많은 걸 누렸으면 해서였다는걸. 이제야 고백해.

사실 나는 동생인 네가 얄밉고 부러웠어. 심지어 미워하기도 했지. 여유롭지 못한 집안에서, 하고 싶은 거나 갖고 싶은 게 생기면 곧잘 엄마에게 해달라고 조르는 네가 참 속도 없다고 생각했거든. 우리 집 사정은 알고 저러는 걸까, 참을 줄 왜 모르지? 이기적이라고 생각했어. 그런 너에 못 이겨서 해주는 엄마를 보고 더 그런 생각이 들었는지도 몰라. 그런 너를 나는 억누르고 싶었어. 참 못 됐지? 내가 그런 감정을 느꼈으니깐, 나는 참았으니깐 너도 그래야 한다고 말이야. 같은 자식인데, 나는 의젓해야 하고 왜 너는 철없어도 되는 거지?라는 못난 생각이 자주 들었어. 그때의 나는 다른 사람들이 가진 것을 부러워하다가, 가지지 못한 나를 불행히 여기고 그러다 결국 욕심을 버리던 사람이었거든. 그러니 욕심을 낼 줄 아는 네가 샘이 났던 거지. 너의 입장은 생각도 못 하고 말이야.

그렇게 욕심을 부리는 법보단 욕심을 버리는 법을 배운 내가, 처음으로 욕심을 냈던 게 여행이었어. 의젓하고 씩씩한 첫째가 아니어도 되고, 괜찮지 않으면 괜찮지 않다고 말해도 된다는 걸 알게 해준 것이 여행이었거든. 누군가의 딸이나, 언니나, 친구가 아니라 그냥 나로서 있게 해줬단 뜻이야. 그냥 나로서 있다는 게 무슨 말이냐고? 그건 말이야, 누군가의 존재로서가 아니라 나만 신경 쓰면 된다는 거. 누군가를 위할 필요 없이 오직 나만을 위해서 말이야. 그렇게 나를 챙기다 보면, 우습게도 내가 얼마나 사소한 사람인지 알게 해. 나는 정말 사소한 것 하나에도 행복해하더라고. 그전에는 그건 행복이 아닌 줄 알았어. 행복은 다른 사람들이 갖고 있던 크고 거대한 건 줄 알았거든. 근데 내가 갖고 있던 작은 것들도 행복인 거 있지? 나는 작고 하찮은 것에도 행복을 느껴도 된다는 걸 그렇게 알았어. 여행은 그렇게 행복이라는 감정을 구석구석 느끼게 만들었어.

그걸 깨닫고 나니, 너를 억누르려고 했던 내가 참 못났더라. 너는 너대로의 아픔이 있었을 텐데. 엄마 아빠의 딸로서만, 나의 동생으로서만 너를 봐서 미안해. 너 있는 그대로를 내가 보지 못했어. 이제는 있는 그대로의 너를 보려고 노력할게. 내가 사랑하는 이 장소에서 약속해. 네가 그렇게 내가 느꼈던 것처럼 날것의 행복을 느끼며 살았으면 좋겠어. 현실을 살아내는 우리에게도 행복은 멀리 있지 않다는 거 말이야. 너무 뻔한 말이지만, 보통의 명언들은 다 뻔한 말인 거 알지?

내가 제일 사랑하는 도시에서, 제일 사랑하는 곳에서. 따스한 호수를 배경 삼고 노래를 들으며 책을 읽는 네가 너무 눈물이 날 만큼 예쁘다. 그때의 나처럼.

사랑하는 언니가」

그리고 한참 끝에, 옆에서 서영이가 나지막이 뱉은 말.
"언니 데려와줘서 고마워. 또 오고 싶다."
그 말은 우리의 여행을 설명하기에 충분했다.

Epilogue
언니의 독재정치, 막을내리다

더 이상 나는, 서영이의 휴대전화에 독재자라고 저장되어 있지 않다. 대신, 새로운 별명을 얻었다. 바로 '엉덩국 공주' 이 요상스럽고도 귀여운 별명은 치앙마이에 다녀온 후, 서영이와 함께 헬스장을 다니면서 생겨났다. 별명의 새로운 시작을 만들어준 헬스장은 여행에서의 변화를 삶으로 가져오기 위한 첫 걸음이기도 했다.

서영이는 무릎과 허리가 좋지 않다. 물론 그건 여행 전에도 알던 사실이었다. 허나, 서영이에게 어떤 종류의 관심이 필요한지는 몰랐다. 그것도 못 참냐는 구박이나 아파서 어떡해와 같은 어설픈 위로 따위가 아닌, 실질적인 도움과 같은 관심이 서영이에겐 필요하다는 사실을 알게 되었다. 감정이 잔뜩 담긴 구박이나 위로는 감성적인 나에게나 먹힐 법한 것이었다는걸. 서영이는 나와 다른 이성적이고 효율적인 사람인 걸. 비로소이 여행을 통해 알았다.

누군가 그랬다. 여행에서의 깨달음은 현실의 삶을 살기 시작하다 보면 희미해지고, 그로 인한 변화도 잠깐이게 된다고. 그래서 서영이에게 헬스장을 같이 다녀보자고 권유했다. 몸의 근육을 좀 더 잘 쓸 수 있도록 재활 위주의 운동을 해보자고. 그렇게 헬스장에서 함께 운동하는 것은, '관계의 재정립'이라는 여행의 연장선이었다. 변화가 잠깐으로 끝나지 않기 위한. 그렇다. 우리의 여행은 끝나지 않은 셈이었다. 치앙마이로 여행을 떠났던 우리였지만 돌아와서도 관계를 변화시키기 위한 여행을 하고 있었다. 장소가 치앙마이에서 헬스장으로 바뀌었을 뿐.

그러나 당연하게도 변화는 기적적으로 한 번에 일어나지는 않는다. 여행은 실로 서로를 알아가는 수단이었지만, 고작 2주라는 시간 동안 서로에 대해 알았다고 해서 관계가 바로 바뀔 리는 만무하다. 사실 나의 독재는 계속되고 있는지도 모르겠다. 여전히 동생에게 물심부름을 시키고 다급하게 불러놓곤 불꺼달라는 말을 입에 달고 산다. 아, 아직도 엉덩국이라는 한 나라의 공주니, 권력을 완전히 내려놓지 못한 셈.

확실히 하나 달라진 것이 있다면, 함께 시간을 보낼 수 있는 활동들을 많이 한다는 것. 운동이나 게임이나 쇼핑. 지극히 평범한 것이자, 위대한 것. 여행 덕에 관계의 소중함을 느꼈고 그 덕에 일상의 소중함을 느낀다. 이게 바로 여행의 선순환 아닐까.

    나의 독재가 끝이 보인다. 기나긴 독재를 버텨준 서영이에게 고맙다.

우리 운동까지 함께하게 됐다고요.

publisher　　instagram

독재자 탈출하기
프로젝트

초판발행 2024년 7월 10일
지은이 김혜미
펴낸이 최대석　**펴낸곳** 행복우물　**출판등록** 307-2007-14호
등록일 2006년 10월 27일
주소 a1. 서울시 중구 삼일대로 343 위워크 8층
　　　a2. 경기도 가평군 경반안로 115
전화 031-581-0491　**팩스** 031-581-0492
전자우편 book@happypress.co.kr
정가 17,000원　**ISBN** 9979-11-91384-96-3